「子どもの読書活動の推進に関する法律」を考える

シンポジウム記録

◆

日本図書館協会編

(社)日本図書館協会
2002

Proceedings of the Symposium:
"Discussion on the Law for the Promotion of
Children's Reading Activities"

「子どもの読書活動の推進に関する法律」を考える　シンポジウム記録　／　日本図書館協会編. －　東京　：　日本図書館協会, 2002. －　77p　；　30 cm. －　ISBN4-8204-0219-6

t1. コドモ　ノ　ドクショ　カツドウ　ノ　スイシン　ニ　カンスル　ホウリツ　オ　カンガエル　シンポジウム　キロク　a1. ニホン　トショカン　キョウカイ
①019　s1. 子どもの読書活動の推進に関する法律

■シンポジウム風景■

題字：山本由起

写真©漆原 宏

シンポジウムの開催にあたって

日本図書館協会児童青少年委員会委員長

中多　泰子

　「子どもの読書活動の推進に関する法律」が2001年12月12日に公布されてから8か月が経過しました。

　この法律の制定にあたっては、読書は個人の営みであり、法律によって義務や規制がともなうような推進は望ましくない、という意見があります。日本図書館協会としても、子どもの読書を保障するためには、読書環境の条件整備が肝要であり、国や地方公共団体の役割はそれにつきるという考え方で、公立図書館と学校図書館の充実が基本であると要望しました。その要望が法の中に反映し、「図書館」が明文化されました。

　法は政府に対して、「子どもの読書活動の推進に関する基本的な計画」（以下「基本計画」という）の策定を義務づけており、それを受けて2002年6月にその案が公表され、意見公募の期間が15日間設けられました。意見提出者は87の個人と団体、444件でした。その結果は、8月2日の「基本計画」の閣議決定とともに公表されました。

　「基本計画」の周知方法や意見公募期間などやや難があったと思いますが、87の個人と団体、444件という数字は少ないのではないでしょうか。公共図書館の児童サービス担当者は全国で1000人近くいて、学校図書館、文庫の方も含めると、もっと多くの方々が意見を提出してくだされればよかったのにと思わずにはいられません。このような機会に、日頃の実践と問題意識を踏まえて意見を表明していくことが大事ではないでしょうか。

　このような動きに先立って、3月に行われた日本図書館協会評議員会では、滋賀県の評議員から県内の会員の意見を踏まえてシンポジウム開催の要望が出されました。これを受けて、日本図書館協会学校図書館部会と児童青少年委員会は、企画を検討し、法ができたからには、この法をよりよく活かす方向で開催したいということで、意見が一致しました。シンポジウムは8月31日に開催され、幸い100名近い参加者を得ることができました。

　長年公共図書館は子どもの読書活動のために地道な活動を行ってきていますが、まだ図書館未設置町村が多いのが問題です。一方、学校図書館はすべての子どもたちが本と出会う場所なのだから、その充実が急務です。そうした観点から、シンポジウムでは、法制定の当事者である国会議員による趣旨説明、文部科学省による「基本計画」の説明、図書館側からは地道な活動を地域住民とともに長年行っている東京・東村山市立図書館の事例と、学校図書館の現場から問題点と課題の提起、日本図書館協会の見解と今後の展望を5人のパネリストにお願いしました。河村議員が急遽外国へ出発ということになり、やむを得ないこととはいえ欠席されたのは残念です。しかし、この記録集に寄稿していただくことができました。

国の「基本計画」に基づいて、地方公共団体は施策の策定に努めるよう求められています。現場の図書館員が望ましいあるべき姿を明確にして、施策に反映させていくことが必要でしょう。問題は山積しています。
　子どもの読書の楽しみを保障するために、このシンポジウムの記録集が活用されることを願っております。

目　次

シンポジウムの開催にあたって（中多泰子）　……………5

「子どもの読書活動の推進に関する法律」を考える　シンポジウム記録　……………9
　「子どもの読書活動の推進に関する法律」制定の趣旨について（河村建夫）　10
　国と地方自治体のとりくみ（宮崎康之）　14
　公立図書館と地域社会との連携（中島信子）　17
　学校図書館の状況と今後の課題－この法をどう生かすか（本間ますみ）　21
　「法」と「計画」を生かすために－日本図書館協会の見解をふまえて（松岡　要）　26
　質疑応答　33

資料　……………43
　シンポジウム　次第　44
　子どもの読書活動の推進に関する法律（平成13年法律第154号）　45
　子どもの読書活動の推進に関する法律案に対する附帯決議（衆議院）　46
　子どもの読書活動の推進に関する法律案について（社団法人日本図書館協会）　47
　子どもの読書活動に関する現在の状況および国に対する要望（社団法人日本図書館協会）　48
　子どもの読書活動の推進に関する基本的な計画（案）について（社団法人日本図書館協会）　50
　「子どもの読書活動の推進に関する基本的な計画（案）」に関するパブリックコメントの結果について（文部科学省スポーツ・青少年局青少年課）　51
　子どもの読書活動の推進に関する基本的な計画（平成14年8月）　56
　東村山市立図書館のあゆみ・児童サービスの取組み　68
　東村山市立図書館設置条例（昭和49年条例第18号）　69
　東村山市地域児童図書館補助金交付規則（平成11年規則第36号）　71
　貸出密度上位の公立図書館における整備状況・2000　75
　「子どもの読書活動の推進に関する法律」関係文献　76

表紙・本文写真©漆原　宏

「子どもの読書活動の推進に関する法律」を考える

シンポジウム記録

2002年8月31日
会場：日本図書館協会会館 2階研修室
主催：㈳日本図書館協会
企画運営：日本図書館協会学校図書館部会
　　　同　　児童青少年委員会

「子どもの読書活動の推進に関する法律」制定の趣旨について

衆議院文部科学委員会委員長
子どもの未来を考える議員連盟事務局長
衆議院議員　河村　建夫

<深刻な活字離れ>

　総合出版社・ベネッセコーポレーションの2001年5、6月の「学習基本調査」によると、平日、塾なども含めた学校外での勉強時間について「ほとんどしない」が中学生で15％、高校生で22.8％にものぼります。これは1990年のそれぞれ9.9％、16.8％に比べて大幅に増えており、受験や進学が学習の動機になりにくくなっていることを示す数字であります。一方、2001年度の学校読書調査でも、1か月の平均読書冊数は中学生2.1冊、高校生1.1冊というお寒い状況があります。

　平成14年度から「総合的な学習」などを内容に含んだ「新しい教育課程」がスタートするのに伴い、児童・生徒の学力低下が憂慮されていますが、こうした現状を打開し、子どもたちが自ら学び、主体的に問題を解決する資質を養う場として期待されるものは、親が子どもに読み聞かせる家庭の読書教育であり、公立図書館であり、学校図書館なのです。

<教育の原点は家庭にあり>

　我が家の子どもたちは比較的よく図書館を活用していたようです。本を借りてきて期日までに返さないので催促がよくきたのを覚えています。私が衆議院議員になった頃、三女がちょうど小学校低学年だったものですから「金帰火来（国会関連の会議などは通常火曜日に始まり金曜日の午前中で終わるので、それ以外は選挙区に帰って後援会活動をする）」の生活の中で、毎日曜、市立図書館に連れて行ったものです。それを三女が今になって「父娘のよき思い出よ」なんて言っています。あれから時が経ち、子どもたちが小さい頃に読んだ本の話、その感想が今でも家族の中で話題にのぼることが多々あります。子どもたちがこちらが驚くほど鮮明に覚えているのを聞いておりますと、幼少から青年期に読んだ本は彼らに非常に大きな影響を与え、心の成長に大きな効果があると痛感しています。私が子どもたちの読書振興に力を入れるのは、こうしたことが原点にあります。

<2000年は「子ども読書年」>

　1999年8月には翌2000年を「子ども読書年」にしようということで衆参両院においてその旨を決議しました。そこでは「読書は子ども達の言葉、感性、情緒、表現力、創造力を啓発すると共に人としてよりよく生きる力を育み、人生をより味わい深い豊かなものにしていくために欠くことができないもの」という理念をうたいあげ、政府がこの読書の持つ計り知れない価

値を認めて、子どもたちの読書活動に国をあげて支援するよう求めています。

　この「子ども読書年」で1億円の予算がつき、それを使って全国一斉に子どもの読書活動を支援するさまざまなイベントを展開しました。私の地元の山口県でもこの運動に賛同する熱心な人々が「ジョイネット21」という組織を立ち上げて、実に年間170回、2日に1回のペースで子どもたちと本の出会いの場づくりに力を注ぎました。私はその組織の代表にといわれ、応援団長にさせてもらいました。

＜「子ども読書活動推進法」成立＞

　「子ども読書年を2000年だけで終わらせたくない」、この支援活動にかかわった多くの国民の声に応えるため、法律をもって子どもたちの読書活動の推進を図ろうとする目的で、超党派の「子どもの未来を考える議員連盟」のメンバーとともに「子どもの読書活動の推進に関する法律案」（以下「子ども読書活動推進法」）の作成に取りかかりました。その結果、昨年の臨時国会で私が法案の提出者の一人として、議員立法で提出した「子ども読書活動推進法」が成立いたしました。残念ながら共産党の賛同は得られませんでしたが、衆参で自民党・公明党・保守党・民主党・自由党・社民党の賛同を得て成立をしました。

＜国と地方自治体の責務を明記＞

　ご案内のように、国の全ての予算は法律を根拠にしています。そして、立法府たる国会議員のみが法律を制定できる権利を有します。確かに「そもそも読書とは、自由で自主的な私的行為であり、法律によって義務や規制を伴うかたちで推進することはできないもの」というご意見があることも重々承知しています。また、衆参の委員会質疑で自由党や共産党の委員の議員からは「理念法ではなく、具体的な学校図書館などの予算を倍増するなどが必要」「専任の司書教諭を配置するのが先決」などのご意見をいただきました。

　しかし、子どもの読書振興のために、より多くの予算を獲得するための根拠となるこの度の法律に、「読書環境の整備は国と地方自治体の責務である」と明記できたことは、国民から信託していただいた国会議員が主導して、子どもたちの未来のために貢献ができると自負しています。

＜議員連盟の成果と今後の課題＞

　「子どもの未来を考える議員連盟」の前身である「国際子ども図書館設立推進議員連盟」は、1995（平成7）年5月に超党派で設立されました。その努力の結果、5年後の2000年5月5日に美智子皇后様ご臨席のもと国際子ども図書館の起工式を行い、2002年5月5日には全面開館し目的を達しました。

　その後、当初の設立目的を達成した「国際子ども図書館設立推進議員連盟」を発展的に解消して、「子どもの未来を考える議員連盟」をスタートさせ、会長は当時の保守党党首・扇千景国土交通相にお願いし、当時超党派の衆参150人の議員が集まりました。名称を変えた議員連盟の初めての成果としては、子どもの読書活動を支援する目的で、「独立行政法人国立オリンピック記念青少年総合センター法の一部を改正する法律案」を提出し、オリンピック記念センター

内に「子どもゆめ基金」を創設しました。同じ時期の2000年12月1日より、「子ども読書活動振興法案作成プロジェクト」として法案作りをはじめてできたのが「子ども読書活動推進法」です。この法律でまず予算措置の道筋をつけることができたのです。

　議員連盟の成果の一つとして忘れてならないのは、平成9年夏の学校図書館法改正で、平成15年4月から司書教諭を12学級以上の学校に置かなくてはいけないことにしました。今までは法的な根拠のない事務職員扱いの「学校司書」がいましたが、職種や雇用形態においてもまちまちでした。それを学校図書館には「司書教諭」が必要であるとして、学校図書館法の改正で規定したのです。

　しかし、現行の制度では司書教諭は、講習を受けた教諭が兼任で当たることになっています。これは例えて言えば教諭が生徒指導部を兼任するようなものです。これでは「教育課程の展開に寄与し、児童生徒の健全な教養の育成」を図る（学校図書館法第2条）という学校図書館の目的達成に必要な「専門的職務」を日常的に十分担い得る人とは言えません。学校図書館の専門家と言えるためには、司書教諭は専任である必要があります。ですから、次は全ての学校図書館への専任の司書教諭配置を制度化することに着手しようと精力的に活動しております。

＜全市町村に図書館を＞
　また、約3,300市町村のうち、図書館のない市町村が半数を超えるというのは寂しい限りです。アメリカは「ポストの数ほど図書館を」という運動を早くからやっていますが、経済大国をもって任じる日本はまだまだです。図書館司書にしても、全国の図書館の2割はまだ置いていません。大がかりな箱物の図書館を全市町村に設置することは、国家財政の観点からみるとあまり現実的ではありません。例えば、福祉事務所をつくったり、公民館を建て直すときにミニ図書館を併設するであるとか、工夫次第でやり方はいくらもあります。要は子どもたちが「本を読みたい」と思ったときに、十分読書に没頭できる環境をつくることが大切なのです。

＜地方交付税と学校図書館＞
　私は国会議員の責務として、やはり制度作りや予算の重点配分に心を砕きます。その成果というと、「子ども読書活動推進法」にのっとって、今年から5か年計画で全国各地への地方交付税から650億円を学校図書館図書整備費に充てる体制を組んだことでしょう。毎年130億円ですから、これは期待できます。ただ、地方交付税としていったんお金が国から地方に配られると、学校図書館に関する予算が趣旨を生かして使われているのかどうかはいちいち調べなければわかりませんでした。今年度も全市区町村の約3分の2強が学校図書館図書整備費の増額措置をとっていないのです。

　立法府としては、地方自治体の独立性を尊重しながら、新しい法律を根拠にきちんと学校図書館の予算が使われ、新しい法律の趣旨である子どもの読書環境の充実に目を配っていく必要があります。法案提出者として、法律を作ることをゴールとせず、この法律がいかに実効性をもつものとなるか、今後どうやって地方自治体と連携していけるかなどを議員連盟のメンバーとも話し合いました。

　そこで、地方交付税の学校図書館図書整備費の予算化を確実にしていただくよう、議員連盟

に所属する国会議員の署名入りで、各選挙区の全ての首長さんへ「学校図書館図書整備費の予算化についてのお願い」と題し、今年8月より要望書の配布を始めました。要望書には「貴市区町村において、今年度補正予算等で学校図書館図書整備費の一層の増額をお願いしたい。十分な予算措置がない場合は、その理由をお知らせいただきたい。」という一文を付け加え、強い調子で首長さんに要望しています。

<「日中韓童話交流2002」>

また、今年8月19日～25日には、子どもの未来を考える議員連盟と独立行政法人国立オリンピック記念青少年総合センター等が主催で、本議員連盟が働きかけた「子どもゆめ基金」が財源となり、日本・中国・韓国の子どもたち92人が参加した「日中韓童話交流2002」が東京や兵庫県・淡路島などを舞台に開かれ、交流を深め合いました。

私も1週間のほとんどを、子どもたちと寝食を共にしてお互いの国の童話に触れ、言葉の壁も越えてすっかり仲良くなりました。解散式の時には、みんな涙を流して別れを惜しみ、よく似ているのでどこの国か分かりませんでしたが、何人かの男の子が泣きながら私に抱きついてきました。

今回の交流事業では、3か国の子どもたちが協力して作り上げた紙芝居を見せてもらいましたが、大人にない発想だったり、大人も十分楽しめる内容で、正直すごいな、と驚かされました。言葉の壁の心配もしましたが、集大成として作り上げた紙芝居から、子どもたちが予想以上の成果を上げたと感じています。

1週間ですっかり仲良くなった日本の子どもたちは、中国や韓国の友達ができたことで、両国に対する親近感が増したと思います。また、それぞれの国の言葉を勉強したい、中国・韓国に行ってみたいと思ってくれたはずです。中国や韓国の子どもたちも、将来、日本に留学するきっかけになったかもしれません。今後、一生の友達として付き合って欲しいと願っています。3か国の未来の明るさを感じ、大人も夢を抱かせてもらえました。

この事業についても、井戸を掘って水を出した以上は枯らすことのないよう、是非とも継続したいと思っています。結団式に参加した小泉純一郎総理も「互いの国の代表的な童話を訳して交換しよう」と提案しており、主催者としてもこれを是非実行していきたいと考えています。"読書が子どもたちの明るい未来を創る"を確信し、今後も読書活動の振興にがんばりたいと思います。

(編者注：河村議員は2002年10月2日付で文部科学副大臣に就任)

国と地方自治体のとりくみ

文部科学省生涯学習政策局
社会教育課課長補佐
宮崎　康之

　社会教育課の宮崎と申します。よろしくお願いいたします。
　まず法律制定の趣旨について簡単に説明させていただきまして、そのあと、今月8月2日に閣議決定しております「子どもの読書活動の推進に関する基本的な計画」（以下「基本計画」）、これはもうお手元に配ってありますので、概要を説明させていただきたいと考えております。
　「子どもの読書活動の推進に関する法律」そのものはみなさんご存知のとおり、平成11年の8月、読書活動が想像力や考える習慣を身に付け、豊かな感性や情操、思いやりの心を育む上で非常に重要であることから、子どもの読書活動を国を挙げて支援するため、平成12年を「子ども読書年」とすることが衆参両院で決議されまして、全国でさまざまな取り組みが行われました。この「子ども読書年」を契機とする子どもの読書活動を推進するための取り組みをさらに進めていくため、議員立法として検討が進められ、自民党、公明党、保守党、民主党の4党が平成13年11月に国会に共同提起をされまして、12月5日に成立したものでございます。
　お手元にありますが、この法律には、子どもの読書活動の推進に関し、基本理念を定めておりまして、国および地方公共団体の責務等を明らかにするとともに、政府が先ほど申しました「子どもの読書活動の推進に関する基本的な計画」を策定・公表すること、都道府県および市町村がこの政府の基本計画を受けまして、地域における子どもの読書活動の推進状況に応じまして、子どもの読書活動の推進に関する施策についての計画を策定・公表すること、また、4月23日を「子ども読書の日」とすることなど、必要な事項を定めております。
　その中に、国の取り組みといたしましては、法律の第8条に規定してありますとおり、「政府は、子どもの読書活動の推進に関する施策の総合的かつ計画的な推進を図るため、子どもの読書活動の推進に関する基本的な計画を策定」し、「国会に報告するとともに、公表しなければならない」とされております。
　そこで、平成14年8月2日、基本計画が閣議決定されまして、公表されたところであります。基本計画そのものも、その資料の中に入っております。この基本計画については、平成14年度からおおむね5年間にわたる施策の基本的な方向と方策を示したものです。
　その内容については大きく4本の柱が立っておりまして、1つ目は家庭、地域、学校を通じた子どもが読書に親しむ機会の提供、2つ目としまして、図書資料の整備などの諸条件の整備充実、3つ目としまして、学校、図書館などの関係機関、民間団体等が連携協力した取り組みの推進、最後に、社会的機運醸成のための普及・啓発、となっております。

1番目の「家庭、地域、学校を通じた子どもが読書に親しむ機会の提供」について、そこで明記していることは、家庭教育に関する学習機会としまして、発達段階に応じた家庭教育に関する講座や、子育て支援の一環として公民館等において行う読み聞かせなどの親子が触れ合う機会の提供を通じ、親に対する読書の重要性の理解の促進を図ること。また図書館等でのお話し会などの活動や関係機関と連携した取り組みとして、読み聞かせなどのさまざまな活動と、地域のボランティアの参加の一層の促進や、公立図書館を中心とした、関係団体・関係機関と連携した事業の取り組みを通じて、子どもの読書活動を推進する取り組みの充実に努めるとしています。また、平成13年度から始めております「子どもゆめ基金」の助成により、民間団体の行う子どもの読書活動の推進に関する活動をさらに支援していくこと。学校における学習活動を通じた読書活動の推進として、各教科、総合的な学習の時間を通じて、学校図書館を計画的に利用して、児童生徒の主体的な学習活動や読書活動を充実すること。さらに、すでにかなり広く熱心に行われておりますが、学校における朝の読書をさらに推奨したり、学校ごとに読書の推進のための目標を設定するなど、読書習慣の確立を促すこととしています。

　2番目の図書資料の整備などの諸条件の整備充実につきましては、図書館や公民館図書室など、地域における読書環境の整備。地方交付税措置されている図書館の図書資料の計画的な整備や移動図書館、図書館の情報化を推進していくこと。また、司書の養成を進めるとともに、専門的知識・技術を習得することができるよう研修の充実を図ることとしています。学校図書館におきましても、学校図書館図書整備5か年計画による図書資料の計画的な整備や情報化を推進していくこと。また、学校図書館法の改正により来年度から12学級以上の学校については司書教諭をかならず置くということになっておりますので、司書教諭の発令の促進、学校図書館担当事務職員の配置やボランティアの協力を推し進めていくとしております。

　3番目としまして、公共図書館を中心とした他の図書館、学校図書館、保健センターなどの関係機関や、国際子ども図書館などとの連携協力の推進を促していくとしています。

　最後の社会的機運醸成のための普及・啓発については、「子ども読書の日」を中心とした全国的な啓発広報、それと文部科学省のホームページをつくりまして、そこに子どもの読書活動の推進に関するさまざまな取り組み事例や関連情報を提供していくこととしております。

　この基本的な計画については、各施策の実施のために必要な財政上の措置を講ずるよう努めると書いてあります。平成15年度の概算要求のおもなものを挙げますと、まず、子どもの読書活動の推進のための普及・啓発といたしまして、全国子ども読書活動推進キャンペーン、これは「子ども読書の日」を中心としたポスター等の作成や配布、あるいはフェスティバルの実施、調査研究等の実施としまして、現在行っております民間団体、図書館、学校での取り組み内容の実態調査、あるいは先導的な実践事例を収集し、先ほど申しましたホームページを開設し、どんどん情報提供を進めていくことにしております。

　また、推進体制の整備あるいは事業の実施ということで、子どもの読書活動推進支援事業として、都道府県におきます図書館、学校、民間団体、行政等で構成する推進体制の整備、あるいは市町村で行うモデル事業としまして、公立図書館を中心としたさまざまな団体や機関との連携協力による読み聞かせ、絵本づくり等、地域の実情に応じた各種の事業を実施していきたいと考えております。また、図書館における学習拠点施設情報化等推進事業としまして、情報

提供システムや移動図書館車、拡大読書器等の設備を整備することとしております。また、学校図書館との連携ということで、地域内の学校図書館あるいは公立図書館のネットワーク化を進めるために、各図書館の蔵書情報を共有化するなどの共同利用化の推進を図っていくこと等、さまざまな予算を要求しているところであります。

　この国の子どもの読書活動の推進に関する基本的な計画を受けまして、地方公共団体の取り組みとして、法律第9条の規定により、都道府県、市町村で子どもの読書活動の推進に関する施策についての計画を策定するように努力義務が課せられております。全国の調査をしたわけではございませんが、国の法律が施行される以前から県民の意見などを聴くということをいたしまして、県単独の読書推進計画を検討しているところがあり、東京都におきましても来年1月をめどに策定すると聞いております。また、遅くとも来年度中には策定する方針であるとか、策定の方向であるとか、さまざまでありますが、今後、国といたしましても、本基本計画にもとづきまして、関係府省あるいは地方公共団体との連携のもと、この子どもの読書活動の推進に関する施策の一層の充実を図り、また地方公共団体においてもより具体的な施策について計画を策定していただき、読書活動の推進に関する事業に一層取り組むことにより、全国での子どもの読書活動の取り組みが推進されていくと考えております。

　簡単ではありますが、説明を終わらせていただきます。

公立図書館と地域社会との連携

東村山市立中央図書館館長
中島　信子

　私の方からは、公共図書館で展開されてきた子どもの読書に関するサービスと、その過程で関連団体・施設とどのような連携をはかってきたのかについて東村山の事例を報告し、現在抱えている問題と、その解決に向けて、今回の法律に何を期待しているのかというお話をさせていただきます。

　東村山市は東京都の北西部で埼玉県に隣接する、人口14万7千人の住宅都市です。図書館は中央館と地区館4館が設置され、職員数37名、司書率6割、蔵書70万冊の中規模館で、児童サービス・中高校生に対するティーンズサービスには経験ある担当職員を複数配置し、きめこまやかなサービスを行っています。

＜文庫活動と図書館＞
　図書館の話をする前に、まず文庫活動の話に触れなくてはなりません。図書館ができる前から、団地に設置した電車やバスの廃車車両に本をおいて、文庫活動が盛んに行われていました。昭和49年に市民の働きかけが実った形で中央図書館が建設されましたが、基本計画策定のための専門委員の半数ちかくに文庫関係者が参加して、その経験や市民感覚が生かされました。
　これらの経緯の中で図書館設置条例が生まれましたが、その内容は独自なもので、図書館長の有資格要件・図書館資料に関する館長権限・利用者の秘密保持にくわえて、地域図書館活動の援助を明記しています。この条例を裏付けとして文庫活動に対する補助金制度が昭和45年から、現在に至るまで継続しています。貸出規模に応じて運営費の8割が補助されるというもので、資料費だけでなく、本を買いにいく交通費、新聞やリスト発行の印刷代、行事に必要な消耗品費、講演や研修のための講師謝礼など、さまざまな用途に有効に使用されています。
　市内で一番歴史のある地域図書館が文部科学省より子どもの読書活動優秀実践団体の表彰を受けましたが、35年にわたる活動の継続を可能にしたのは市民の熱意と地域の理解はもちろんですが、運営の財政的基盤をささえた補助金の効果も大きかったのではないかと考えております。
　翌年の昭和50年には「東村山市文庫サークル連絡会」が生まれ、月1回の定例会を中心にさまざまな活動を行い、市長会見や図書館協議会への委員選出などを通して図書館行政への影響力を発揮しています。特に地区館が建設される時には一貫して児童担当職員の配置を要望してきました。連絡会には図書館から毎回担当者が出席し、新刊情報の提供や共催事業の実施な

ど行い、互いの立場を尊重しながら必要に応じて連携していくという、良好な協力関係を保って今日に至っています。

＜来館する子どもの対応に追われながら、サービスの基礎を固めた時期＞

　今でこそ地域と連携が取れるようになりましたが、初めは何もかも手さぐりでした。初めの10年は「図書館に来館する子どもへの対応に追われながら、サービスの基礎を固めた時期」でした。

　図書館に来る子どもに満足のいく本を提供できるか、まずそのことに腐心しました。並べても並べても、本棚がすぐにスカスカになってしまいます。お話会や子ども会などの行事はいつも満員御礼、リストを発行すれば、館内だけですぐにはけてしまう。忙しかったけれど、子どもの顔がよく見え、やったことの結果がすぐに出る充実した時代でした。

　複数館時代になってからは、選書会議を行い、見計らい本を手分けして実際に読みました。玉石混交の児童書の中から質の良い図書を選書し、読み物をグレード別に分ける独自分類をとりいれたり、本の魅力が出る展示をするなど、子どもたちが求める本と確実に出会えるように工夫を重ねました。

＜図書館に来ない子に働きかけ、サービスを拡充した時期＞

　次の10年は「図書館に来ない子に働きかけ、サービスを拡充した時期」でした。子どもたちが忙しくなり、図書館利用にかげりがみえはじめると、図書館に来ない残り半分の子どもたちのことが課題にのぼってきました。図書館に来ない子はいても学校に行かない子はいません。そこで学校に対する取り組みが始まりました。

　まず、開館10年を経過して廃棄する図書が出てきましたので、内容的にも体裁上も十分再利用できる図書を小学校や幼稚園・保育園で再活用してもらうことにしました。身近に本があればちょっとした空き時間にも読書ができると考え、学校図書館ではなく学級文庫用にクラス別にセットして配送しました。

　次に夏休みを利用して本に親しんでもらおうと、基本図書のリストを作成し、学校から配布してもらうことにしました。それまで子どもたちが学校からもらってくるリストは、書店に置いてある商業主義的なリストだったり、現在の子どもの本がまったく載っていないものが多かったので、図書館に任せてもらってよかったと思っています。

　図書館が4館になりほぼ市内全域がカバーできるようになると、学校訪問サービスを始めました。読書離れの始まる4年生をクラス単位で訪問し、1時間いただいて、図書館の利用案内、ブックトーク、ストーリーテリングを行い、紹介した図書を貸し出してきます。紹介のしかたによってはこんなに子どもたちが本に集中するものなのかと、先生方には驚かれました。子どもたちも放課後さっそく本を借りにきてくれました。

　次の課題は中学生でした。中学生になると図書館利用が少なくなることについて、彼らの生活時間の変化だけでなく、図書館の選書や運営について再検討する必要があると考えました。平成5年から中・高校生を中心にしたティーンズサービスを開始し、全館に担当と予算をつけました。小学生には難しい高度な児童書を並べるのではなく、若い人たちの今の興味関心に沿っ

た資料を提供しはじめると、自分たちの居場所を見つけたかのように、中・高校生の姿がよく見られるようになりました。ティーンズノートによる交流、新聞の発行、中学校を通しての読書案内リストの配布、一日図書館員などを行っており、今年からは週5日制に対応して、土日に図書の整架・排架作業を中心としたウィークエンド・ボランティアを募集し、生徒の社会参加の機会を提供しています。

乳幼児へのサービスについては、早い時期から赤ちゃん向け絵本リストに子育て情報をくわえた小冊子を健診時に配布していましたが、読書推進活動というよりは子育て支援の意味合いがありました。子どもが幼稚園に行きだす前のお母さん方が一番孤独で、話す相手や出かける先を求めていると感じていましたので、0歳から3歳の親子を対象にお話会を始めたところ、終了後も交流の懇談が続き、毎回欠かさず参加する親子が増えました。その後市内には10以上の子育てサークルが生まれました。

<連携協力の時期>

このように試行錯誤しながら少しずつ児童サービスを拡充してまいりましたが、その過程で市民団体、教育関連施設、行政内部とさまざまな連携協力関係を築いてきました。今、連携協力の時代に入っていると実感しています。

冒頭でお話ししてきたように、文庫関係団体とは長い安定した協力関係にありますが、新しいところでは、調べ学習の一番のテーマである地域のことがわかる子ども向けの資料があまりにも少ないことから、ふるさと歴史館と共同で子ども向け郷土資料の作成の相談を始めています。また、読書に関するボランティア団体の連絡組織を立ち上げ、学校の先生向けの図書購入相談会の開催、子育てサークルへの読み聞かせパック配布などを行っています。必要な時に単発的にとってきた連携をより継続的・組織的に行うために、今回の推進計画が有効に働き、地域で子どもと本にかかわる施設・団体の協力体制が緊密になり、実態としていつでもどこでも子どもが本と出会えるようになることを期待しています。

<公共図書館の課題と読進法への期待——多摩地区図書館アンケートから>

今、公共図書館では、何が課題になっているのでしょう。このシンポジウムに参加するに当たって多摩地区の30自治体にアンケートをしましたところ、学校との連携や調べ学習の関連の問題が一番の課題になっていました。「学校の団体貸出の利用が活発化し、同種の資料に利用が集中し他の利用に支障をきたしてしまう」「学校や学校図書館との連携を進めたいが、実際には名前だけの担当が多く、相談・協力する相手がいない」「子どもたちは調べるテーマをはっきり理解しておらず、中学生でも本を探せない」等が多く寄せられました。東村山も同じ状況です。それにくわえて、学校を拠点に活動する読み聞かせグループや学校図書館を良くしようというボランティア・グループから多くの相談が図書館に寄せられるようになり、その対応に追われ、他の業務を圧迫しかねない状況です。

そこで、まず学校図書館に責任ある担当者を配置して学校図書館を機能させること。これが公共図書館の立場からも今一番必要なことと思います。担当者がいれば、不十分ではあっても施設や資料を活用することができますし、不足する部分は連携の手を伸ばしていけると思いま

す。今回の国の計画の中で、学校図書館を充実していくための人的配置の促進にふれている点は評価できると思いますが、あらためて、司書教諭の発令と専任化、学校司書の配置の推進をお願いしたいと思います。

次に困っているのは、資料費です。長引く不況による税収の落ち込みは公共図書館を直撃し、東村山の資料費も5年前の79％に落ち込んでいます。調べ物対応の児童書は価格設定が高く分売不可のものが多いため、それに見合った予算の確保が年々困難になっています。また、乳幼児期の絵本がどんなに豊かな時間を親子にもたらしてくれるか図書館員は実感しておりますが、ブックスタート事業の予算化も必要です。教育改革の時期に当たり、生きる力育成の施策として、特定財源による地域図書館の資料充実策を望みます。

次に公共図書館の職員配置・養成の問題です。多摩地域は全国的に見ても経験のある専門的職員が配置されているほうだと思いますが、「多様化する業務に対し現状の職員配置では手がまわらない」「忙しくて研修の時間がとれない」「有資格者や経験年数の長い職員の異動により、現状のサービスの水準を維持することが難しくなってきている」等の回答が多くありました。資料費を確保するために人件費を削減しなければならない状況です。この計画を推進するためにも、職員配置の望ましい基準を明確に示していただきたい。力のある児童図書館員を養成する研修制度を整備し、それぞれの地域で推進の中心になってもらうことが必要だと思います。

最後に申し上げたいのは、図書館がきちんと機能している地域では本計画で推進しようとしていることは既にある程度実施されています。そして、公共図書館は地域の中で子どもの読書に関わる施設・団体の連携の要になっています。その意味で、まず、図書館未設置自治体に図書館を整備すること、これこそが読書推進の一番の方策であるということです。財政的支援が必要です。建設費と資料費の補助があれば自治体もなんとか動けるのではないかと思います。

公共図書館に児童コーナーが設置されるのが当たり前になって、20年以上たちましたが、現場は依然として人と資料という図書館の基本ともいうべき問題をかかえています。図書館設置を促進する施策と人と資料に裏付けられた図書館充実策を期待して、公共図書館からの発言を終わります。

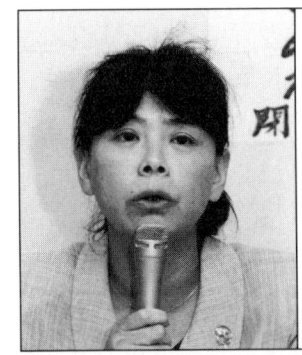

学校図書館の状況と今後の課題―この法をどう生かすか

日本図書館協会学校図書館部会長
本間ますみ

1．学校図書館の現状

①学校教育全般に情報機器の導入

　学校図書館は、その役割と機能について、ここ数年、大きく変わっていくことが求められています。まず、学校にはどの学校にも学校図書館がありますが、そこは、子どもたちにとって教室とは違う学校生活の場となっています。今の学校図書館は、物語と学習参考書や事典が並べられている倉庫という堅苦しいイメージでは、成り立っていないということがあります。

　そして今、学校図書館の役割と機能が変わっていかなければならない現状は、ひとつには、学校教育の全般に情報機器の導入が急激に進んできたことがあります。最近、子どもたちが読むものや見るものには、本以外にCDやビデオやインターネットなどの、さまざまなメディアが増えました。学校図書館でも、そういうものを入れて、情報収集と活用の方法が格段に広がっています。

②調べ学習・体験学習などの学習形態の多様化

　もうひとつ、新学習指導要領に創設された「総合的な学習」をはじめとして、各教科ともに調べ学習・経験学習などを取り入れ、学習形態が多様化していることがあります。それに対応して、学校図書館の資料提供は多面的に行う必要が出てきたということがあります。

　そういった観点から、子どもたちがたくさんの情報の中から自分に必要なものを選んで活用していくこと、自分のものにして使いこなせる力としての、メディアリテラシーを育成するということが急務となっています。そして、それを担うのは、学校における「読書センター」であり「学習センター」であり「情報センター」である学校図書館に、大きな期待がかけられてきています。

③学校5日制の導入

　今年はさらに、学校5日制が始まりました。学校行事のあり方や時間割編成も変わりました。社会的な変化もあります。学校図書館を含めた学校施設の地域開放に関わる対応や、保護者のボランティア活動なども学校図書館には変化をもたらしています。

④司書教諭の発令

　さらに、もうひとつ、来年度から12学級以上の学校に司書教諭が発令されるという、大きな変化があります。司書教諭については、これまで機能していなかった学校図書館への期待や可能性の広がりも出てきているところです。司書教諭のことは、後で述べます。

　こうしたさまざまな要件が、今、一時に学校図書館に押し寄せている状況があります。そう

した中で、これからの学校図書館が持つべき機能と果たす役割は、学校教育にとってよりいっそう大きく、かつ重要なものとなってきていると、私たち学校図書館職員は自覚しています。しかしながら、一方では図書資料が貧しい、誰もいなくて、時々しか開館されない、あいかわらず倉庫となっているなど、改善が進んでいないという実態もあります。

2．学校図書館の課題―予算
①学校図書館図書整備費

まず、予算については、1993年度から5か年計画で始まった学校図書館図書資料充実施策による500億円の地方交付税措置がありました。これは計画終了後も毎年、年間約100億円の計上によって継続されてきました。来年度からまた新たな5か年計画も示されています。しかし、その予算が有効に学校図書館図書費に活用されていないという調査結果も出されています。その原因として、新聞報道などでは、各自治体とも財政難で、学校図書館の本を買うよりも、必要に迫られて買わなければいけないものに回されてしまうとあります。それから、行政側の指導が不十分だとも書かれています。また、古い本が処分できなくて、新しい本を買っても置く場所がないという、学校側の事情があるということも書かれています。

しかし、もっとも大きな原因は、学校の中に学校図書館の予算を要求する部署がないということです。つまり、次の3に上げた課題になりますが、これは学校図書館にそういう人が置かれていないという職員の問題です。

②公共図書館などとの連携・協力

もうひとつ、予算の問題では総合的な学習や調べ学習で資料が必要になっているのに、学校図書館では資料が絶対的に足りないために対応できなくて、地域の公共図書館に頼らざるを得ない状況になっています。そこで、学校図書館と公共図書館の連携・協力が、試行錯誤で始まっていますが、助けてもらう、助けてあげるという認識ではなく、それぞれの立場で、資料を上手に探して使いこなすという、利用教育に力を入れることを確認し合っています。

学校には資料が不足している状況があっても、きちんと資料提供・情報提供することを考えていかなければならないということが、今後の課題です。

③ネットワーク化や情報通信機器の活用の拡大

それから、ネットワーク化や情報通信機器の活用の拡大についても、国の施策は進んでいますが、学校教育の中では真っ先に、学校図書館から、その受・発信ができるように、まさしく情報教育の拠点となるよう、名乗りをあげておきたいと思います。

3．学校図書館の課題―職員
①専任職員の不在

次に、職員の問題ですが、学校図書館には専任職員が必要だということ、これが、まず第一の課題です。1997年に、学校図書館法の一部改正がありました。その時、本当に私たち学校図書館の現場に働く者が嬉しかったことは、学校教育にとって、子どもたちにとって、学校図書館がいかに大切であるか、もっと学校図書館が活用できるようにならなければいけないということが、国会の場で、長時間熱心に審議され、あらためて司書教諭が必要であるということが

確認されたことでした。そして来年度から、12学級以上の学校に司書教諭を発令することになっています。

しかし、この司書教諭は、専任で置かれることにはなっていません。国会審議の中では、学校図書館の充実とそれを動かす人の重要性も確認され、当時の小杉文部大臣も専任が望ましいと明言されましたが、現時点では、財政上やむを得ないという判断に終わっています。

②学校司書の立場と現状

そういう中で、今現在、学校図書館では、学校司書が司書教諭になり代わって多くの役割を果たしているのが実態ですが、法的には存在しない職員です。自治体ごとの工夫で、さまざまな身分で置かれているために、いずれも教育的な職務に多くの制限があります。学校図書館で必要不可欠な教育活動が困難な状況がある中で、孤軍奮闘しているというのが実情です。

学校図書館を使いやすく整備して、教科学習の内容を把握して必要な資料を選択・判断して揃えたり、それを子どもたちに的確に手渡しする職員がいない。いても臨時職員や何校か掛け持ちの嘱託職員だったりする。そういう職員は、立場上責任を持たされない場合が多いですし、制約の多い仕事では、学校図書館の状態を十分に把握できないのも当然です。あるいは正規職員でも、読書指導や教育的職務からははずされるということもあります。やはり、そうした職員制度の不備は、改善されなければならないと思います。これは、学校図書館の現場の問題というよりも、国の制度的な課題だと思います。

③ボランティアの導入

最近では、地方自治体の財政難は好転しないままに、なんとか専任職員を置いてほしいという現場の要求に応えて、保護者のボランティアなどが、学校図書館の仕事をするところも増えています。ボランティアの方々も情熱的に子どもたちに関わっていらっしゃる報告は聞きますが、職員制度の不備を、安易に片付けられてしまうことがないように、強くお願いしたいと思っています。

4.「子どもの読書活動の推進に関する法律」と学校図書館

①学校教育の中の「読書の推進活動」

この法律が制定される動きが起こったときに、まず私たちが考えたことは、ここで子どもの読書活動イコール学校図書館という見方を出していきたい、ということでした。学校図書館は変わりつつあるときですから、この機にもっとよい方向に向かうきっかけになればよい、と思いました。

しかし一方では、読書という自由で自主的な、個人的な営みについて、法律で何かを制定するということが果たしてできるのか、そういうことが必要なのか、何を形作ろうとしているのだろうかという疑問もありました。方向を間違えてしまうと、自由で楽しいはずの読書が、締め付けや規制にならないかという心配もありました。

学校図書館部会では、この法律の要綱が示された時、先ほど述べたような学校図書館の現状と課題を踏まえて、見解を出しました。部会の中では、積極的な意見よりも、疑問や懸念、危惧する意見の方が、多く出されました。それはまず、法案に学校図書館のことが一言も触れられていなかったことに、がっかりしたということがあります。全国的にも、読書推進の趣旨自

体に異論はないが、それを固定してしまいかねない法制定には反対するという声が上がりました。出版業界を支援する法律を作るのかという疑問もありました。もちろん、子どもたちが本を好きになって、結果的に本がたくさん出版されて売れるのは、悪いことではありません。

　しかし、主体はあくまで子どもの読書であって、必要なのは子どもたちの身近な読書環境を整えることではないでしょうか。この法律には、事業者の努力や保護者の役割など、広い範囲での読書活動推進を盛り込んでありますが、子どもたちのもっとも身近にある読書環境といえば学校図書館です。子どもたちは、毎日学校に行くのですから、そのことはみなさん異論のないことと思います。それを見落として新たな法律を作るのではなく、今の教育施策や学校図書館の充実施策を検討して、たとえば学校図書館法や学校教育法を改正して、国や地方行政、地域社会や学校では何をするのか、具体的な施策を設けて、実施していくことの方が、早道ではないか。

　そういう心配や要望もありながら、法律の制定を見守っていたわけですが、結果として法律の中に2か所、第2条の基本理念の項に「そのための環境の整備」という文言と、第7条の関係機関等との連携強化の項に「学校、図書館その他の関係機関」という文言が加筆修正されて可決しました。これはホンの少しではありますが、私たちの意見や要望が反映されたものと受けとめています。

　この法律が制定されたことによって、各自治体の教育行政では、さまざまな企画がありました。たとえば、東京都教育委員会では、解説入りの「読書活動推進資料　読書に親しむ心豊かな子どもに」のリーフレットを作成して配布しましたし、千葉市では「子ども読書の日及び推薦図書リストの配布」についての通知文が出されたりなど、子どもたちの読書活動を推進するために考えられることがいろいろあげられましたし、読書教育、読書指導の活性化がうたわれた学習指導要領の実働化について、学校現場に対する再認識を求める内容の通知が出された自治体もあります。また、法には4月23日が「子ども読書の日」と定められましたが、この日を法制定の定着と行動開始の日と位置付けたイベントも各地で開催されました。文部科学省からは、全国の各学校に「たくさん読もう、楽しく読もう」のポスターが配布されました。そうした動きが、学校や保護者の意識改革のきっかけとなって、学校図書館の活用や子どもの読書推進についてよい変化が生じることを期待したいと思っています。

②画一的・強制的ではない「読書指導」

　しかし、やはり心配していることも起こり始めています。学校教育の中で、とにかく「読書」ということだけを取り上げて、何か始めなければと思ってしまうと、ただ「読ませなければ」ということが始まってしまいます。今春、都内のある中学校で、新入生の保護者を対象に「学校では一斉読書をすることが法律で決まりました」という説明をした学校もありました。本を読もうというのはいいことですが、法律を根拠にして、学校側が読む時間や場所や題材を設定したりできるということになると、問題があります。読書活動の推進にはなっていきません。先ほど述べたように、専任の司書教諭、あるいは学校司書がいないところで、子どもたちの興味や関心などの実態や、学校現場の教育活動の内容を把握できないままに、出版社や行政などの子どもたちの生活と直接には関わっていないところが、読ませたい本を決めたり、それを一方的に、学校図書館が受け入れてしまうことになりはしないか、ということも考えられます。

予算の少ない学校で、とにかく買いなさいといわれる本を、本当に必要か役に立つか、誰も点検できずに、予算に応じたセットで入れていくことになるということは、容易に想像ができます。現に今、お金が付いても生かして使える人がいないという現実がある以上、その心配は払拭できないものです。

それから、高校生の不読率をあげて示された「必読書30冊」の設定がありました。しかしこれも、目標とか推薦書ならいいけれど、「それを読まなければ卒業できないのか」「読んだという証拠に感想文なんか書かされたら、本なんか大嫌いになる」と言った生徒もいました。

また、小・中学校では「朝の読書」の一斉導入の動きなども見られます。朝の読書は、その効果も報告されてかなり広がっていますが、子どもたちの自主的な読書の本質よりも、遅刻が減ったとか、落ち着きが出てきたというような、生活指導的な、あるいは、学校行事的なものになっている例がほとんどで、きっかけ作りとしては有効であっても、読書活動の推進・啓発として本質的なものには、今のところなっていないと思っています。

こういう一斉読書も、必読書の設定も、朝の読書も、学校図書館がきちんと機能を果たして有効に活用されていくならば、必要のないことになると考えます。

③教職員全体の共通認識—子どもの読書環境づくり

読書が自由な個人的な営みであって、自主的に積極的に子どもたちが読書活動を楽しむように、学校で推進するためには、各学校の中で教職員全体が、子どもたちに楽しい読書体験をしてほしいという共通認識に立って、個々にあった読書指導をすることが大切だと思います。教科の中でも、学校図書館には調べる材料があるということ、ここにある本全部につまった知識が、君たちのものなんだよという働きかけが大切だと思います。

司書教諭または学校司書が中心となって、子どもたちの興味・関心を把握して、さらにそれを引き出す工夫をしながら、学校全体、学級全体、グループや一人ひとりの子どもたちに計画的にきめ細かな対応をしていくことが必要だと思います。「子ども読書の日」やこの「基本計画」などは、教職員全体でこの法律の趣旨を確認し合う機会になればいいと思います。それが子どもの読書環境づくりを考えるということだと思います。

5．この法に望むこと

最後に、この法に望むこと。せっかくできた法律ですから、私たちの願う方向で、子どもたちが本当に読書活動を進んでできるように、生かしてもらいたい。学校図書館の課題の解決に向けた施策が実施されますよう、強く要望したいと思います。

課題は、すでに述べましたことのまとめになりますが、第一には、予算の問題。第二に、専任職員の制度化の問題です。予算については、すでに確保されているわけですから、それを十分に生かして、子どもたちの読書に還元するためにも、学校図書館に責任をもって管理運営する専任の職員が必要であることを確認してほしいと思います。

子どもの読書について、さまざまな政策を打ち出して積極的に取り組む教育行政について文部科学省のお考えを聞くことができ、大変よい機会になりました。今後とも、子どもたちの最も身近にある学校図書館について、具体的な充実施策が展開されますように、お願いを申し上げます。

「法」と「計画」を生かすために
― 日本図書館協会の見解をふまえて

日本図書館協会事務局総務部長
松岡　要

　「子どもの読書活動の推進に関する法律」「子どもの読書活動の推進に関する基本的な計画」などについて日本図書館協会は、随時見解、意見を明らかにしてきました。法案上程前には「見解」、法成立後の文部科学省ヒアリング、および基本計画案のパブリックコメントにはそれぞれ「意見」を出しました。それらの文書作成をしたのは、このシンポジウムの企画、運営をしている協会の学校図書館部会と児童青少年委員会です。私は事務局職員としてその調整、まとめをし、国会、文部科学省など関係機関、関係者に伝える仕事をしてきました。協会職員がこの場で発言することは不相応と思っておりますが、そういった役目をしてきた立場で話せということですので、お許しいただきたいと思います。

　法は子どもの読書環境の整備を求めています。法第2条でそれを明確にしており、さらにその意味することを、衆議院委員会附帯決議の第3項目で、子どもが「本と親しみ、本を楽しむことができる環境づくりのため、図書館の整備充実に努めること」と明らかにしています。基本計画案に対するパブリックコメントに寄せられた意見のほとんどは、その立場で意見を寄せています。

　政府の計画が決定されたもとで、今後は自治体で計画を策定し、具体化していくことになります。図書館や読書に関わっている私たちの工夫と努力が求められています。私は、自治体が推進計画を策定する際考えるべき点について、日本図書館協会が出した見解や意見をふまえて提起したいと思います。

　先に述べたように法の基本理念からすると、計画の基調は子どもたちの読書環境をいかに整えるか、という条件整備の計画であって、子どもたちにいささかなりとも読書を強いるような結果をもたらすような計画であってはならないと思います。条件整備とは、子どもたちが読書できる場、豊かな資料、それと子どもに読書への誘いができる専門的職員の三つの要素であり、それがどの程度、いつまでに実現するかということを明らかにする計画を策定することです。

　政府の基本計画は抽象的である、との批判について、「パブリックコメントの結果について」の冒頭で政府は、政府の基本計画は施策の基本的方向を明らかにするものであり、その具体化は自治体に委ねるものとしています。このことの当否はさておき、基本計画は、自治体が計画を策定する際考えるべき事項についての指針を示しているとも言えます。基本計画には積極的に活用できる項目もあります。そのことをふまえたうえで、環境整備、条件整備のために計画に盛込むべき点や考慮すべき点など6点にわたって挙げたいと思います。

まず第一に、子どもたちが読書できる場の保障です。パブリックコメントでの意見をふまえて政府は、子どもの読書を保障する中心は学校と公立図書館であることを基本計画で明確にしました。

子どもたちの身近に図書館をつくるということを求めています。現状で、子どもたちの日常的な生活圏域に読書施設があるか、という点です。これは極めて不十分です。表1をみても明らかなとおり、公立図書館は大変少ない。図書館未設置の市区町村が5割近くもあります。あっても4万3千人に1館、政令指定都市では11万7千人に1館、2館以上の図書館をもつ市区町村は15％という少なさです。G7では10万人につき平均6.8館ですが、日本は2.1館と3分の1で最低です（表2）。

表1　図書館設置率と図書館数　　　（2001年4月現在）

	市	政令市	特別区	町	村	計	都道府県
自治体数	659	12	23	1,989	567	3,250	47
設置自治体数	644	12	23	874	92	1,645	47
設置率（％）	97.7%	100%	100%	43.9%	16.2%	50.6%	100%
図書館数	1,226	163	207	895	95	2,586	65
1館当り人口	57,507	116,890	38,261	15,259	6,684	43,221	1,939,554

市・政令市・特別区　679/694＝97.8%　　町村　966/2,568＝37.8%　他に広域4館

表2　G7各国との比較

国名	調査年度	人口（万人）	図書館数	10万人当り図書館数	人口当り貸出数
日本	2001	12,600	2,655	2.11	4.23
アメリカ	1995	27,620	15,946	5.77	6.13
イギリス	1997	5,870	5,183	8.83	9.77
イタリア	1997	5,730	2,155	3.76	4.50
カナダ	1995	3,090	3,672	11.88	6.58
ドイツ	1997	8,220	14,372	17.48	3.78
フランス	1997	5,890	2,577	4.38	1.45
計・平均		69,020	46,560	6.75	5.30

『ユネスコ文化統計年鑑』1999年版等より

子どもの読書を保障する、もうひとつの中心は学校ですが、それは学校図書館が軸になります。学校図書館は約4万あります。しかしこれを日常的に使えるところは極めて少なく、さらに規模やその資料の内容、量からは子どもたちが満足できるものではなく、機能している読書施設とは言えません。規模について言えば、1994年度に文部省の示した基準では小学校は154から171㎡ですが、実際の平均では111㎡、中学校は173から193㎡を求めていますが、実際は123㎡という状況です。狭く、十分な施設規模を持っていません。

あまりにも図書館が少ない実状から、自治体によっては、政府の基本計画を根拠に、児童館、保育園、幼稚園のほか、公民館図書室や各種公共施設の図書コーナー、あるいはまた学校図書館開放等における読書活動で良いのではないか、ということになりかねない懸念があります。これらの施設があるから図書館を設置しなくてもよいのではないか、学校図書館を充実しなくてもよいのではないか、という内容になりかねないということです。この点についてはパブリックコメントに対する考えにもあるように、それらの施設は既に公立図書館が整備されている市町村において補完する代替施設であって、政府は図書館設置を促すことを求めていること、学校図書館の充実を求めていることを強調すべきです。

これらの公共施設は図書館に比べて大変多い。児童館は4,323館、公民館は19,062館、保育園は22,327園あります。ここで子どもの読書が行われればよいという行政計画になりかねません。しかしこれらの施設は、それぞれに目的とすることがあり、資料や読書はその一部です。そこにいる職員も資料や読書の専門家ではなく、子どもから求められた資料を確実に提供する役割はありません。総じて資料は貧弱な状況にあります。これらの施設における読書活動は、図書館からの資料の供給や司書の協力支援など、サービスの保障、相互の連携協力があってこそ、基本計画が述べているようなことが実現するものです。

ブックスタートの事業が広がっています。昨年35自治体であったものが今年度167自治体と4.8倍に増えております。この事業は大変重要なことですが、指摘したいのはそのうち49自治体、29.3％には公立図書館がないということです。最初のスタートする時点での行政サービスはあっても、その後の読書を保障する機関が用意されていない、後は親がすればよいということになりかねないものです。

自治体の計画には、こういった点を踏まえて、自治体全域の子どもたちの読書を保障する拠点の設置計画を、まず内容として明確にすべきです。

第二に、資料費のことです。

公立図書館の資料費の状況は深刻なものがあります。表3のとおり、図書館は少しずつ増えていますが、資料費は総額で減り始めており、1図書館当たりでは1994年度以降減少し続けています。その内容をみると、3千万円以上の資料費をもつのは257市区町村、16％に過ぎませんが、その総額は198億9817万円で、全体の62％を占めています。一方1千万円未満は54％も占めます。都道府県立図書館では、1億円以上の資料費をもつところは11都府県に過ぎず、5千万円未満が12道県もあります。

一方、学校図書館は表4のような実態です。

1学校図書館当たりの図書費は増えていません。学校図書館の図書購入費については、地方交付税の措置が10年にわたって実施されてきましたが、それが現場で活用できるような状況にはありません。自治体の財政状況の反映でもあります。地方交付税で積算基礎に図書費があっても、交付税全体が削減されておれば、図書館に回ってくる道理がありません。

しかし事態をもう少しリアルにみる必要があります。公立図書館にも資料費は措置されています。例えば道府県立図書館には単純に言えば、県民1人当たり26.5円措置されています。これを全国の実状でみるとどうなるか。これを下回っている県は北海道7円、神奈川県8円を

表3　公立図書館資料費の経年変化　　単位：万円

年度	図書館数	資料費総額	1館当り資料費
1990	1,898	2,640,745	1,391
1991	1,955	2,927,318	1,497
1992	2,011	3,129,312	1,556
1993	2,091	3,381,606	1,617
1994	2,180	3,393,226	1,557
1995	2,270	3,497,602	1,541
1996	2,336	3,594,158	1,539
1997	2,423	3,625,861	1,496
1998	2,499	3,648,930	1,460
1999	2,560	3,676,344	1,436
2000	2,613	3,615,654	1,384
2001	2,655	3,411,758	1,332

表4　1校当りの図書購入費　単位：万円

年度	小学校	中学校	高等学校
1992	38.9	58.7	128.9
1993	38.3	52.2	130.2
1994	41.9	53.3	125.9
1995	42.4	66.5	121.8
1996	47.0	78.0	122.6
1997	45.3	70.9	127.6
1998	47.2	70.9	113.3
1999	45.6	72.3	117.9
2000	45.5	71.1	119.2
2001	44.4	68.3	115.0

最低に、20県もあります。鳥取県（168円）、福井県（145円）、徳島県（141円）、滋賀県（103円）など100円を超える県が4県あります。東京都は23円。全国平均29円です。こういった差異を大いに問題にすべきです。

　一方、市町村は、地方交付税を市民1人当たり平均151円措置しており、実際の平均ではその1.8倍の273円予算化しています。市町村は総じてがんばっていると言えます。しかしそれぞれの市町村ではどうでしょうか。地方交付税は、ある意味では行政水準の最低を示す役割をもっていますから、交付税の措置額を下回るようなところがあれば、問題にすべきです。

このことは学校図書館についても言えます。地方交付税措置は、小学校の1学級当たり平均は2.3万円、中学校は4.5万円、障害児学校は4千円などとみなすことができます。これを上回る予算化をしているところはどれくらいあるでしょうか。自分たちの自治体でどうなっているか、調べてみる必要があります。さらに、文部省は1993年に学校図書館図書標準を策定しました。この基準を達成しているところは3割とのことです。この基準にいつ到達するか、という計画が必要です。そのことの整備をせずに、子どもたちの読書冊数を目標とするようなことは本末転倒です。

　第三に職員のことです。
　公立図書館の司書もまた、減り始めています。正職員の49.4%になってしまいました。さらに司書のいない図書館が2割もあります。これは問題にすべきことです（表5,6）。
　政府の基本計画は公立図書館の司書の役割、学校図書館の学校司書、司書教諭の役割を明確にし、その配置を促しています。司書について基本計画では、「司書は、児童図書をはじめとする図書館資料の選択・収集・提供、利用者に対する読書相談、子どもの読書活動に対する指導など」「重要な役割を果たす」、さらに「児童図書や児童文学に関する広い知識と子どもの発達段階に応じた図書の選択に関する知識、及び子どもの読書指導に関する知識と技術を有する司

表5　公立図書館職員数の経年変化

年度	職員数	司書数	司書率(%)
1990	13,255	6,754	50.95
1991	13,631	6,964	51.09
1992	14,200	7,265	51.16
1993	14,699	7,517	51.14
1994	15,152	7,728	51.00
1995	15,000	7,733	51.55
1996	15,172	7,745	51.05
1997	15,359	7,858	51.16
1998	15,429	7,894	51.16
1999	15,356	7,800	50.79
2000	15,175	7,592	50.03
2001	15,228	7,518	49.37

表6　司書のいない図書館数

	県立	特別区	政令市	市	町村	計
図書館数	66	207	163	1200	973	2609
専任司書がいない	1	19	22	217	337	596
%	1.5%	9.2%	13.5%	18.1%	34.6%	22.8%

書の配置が望まれる」と述べ、「司書の重要性についての地方公共団体の認識を深め、司書の適切な配置を促していく」としています。

　学校図書館の職員についても「司書教諭は、学校図書館資料の選択・収集・提供や子どもの読書活動に対する指導等を行うなど、学校図書館の運営・活用について中心的な役割を担う」とし、さらに学校司書について「司書教諭と連携・協力して、学校図書館に関する諸事務の処理に当たっている」と述べ、それぞれその配置を促していくことを求めています。とりわけ学校司書については、案では「司書教諭を補佐し」とあったものが、適切ではないとして「司書教諭と連携・協力し」と改められました。これは大きな意義をもつものと思います。

　以上のように基本計画は、公立図書館や学校図書館に専門的職員の配置を求めています。今日、司書の異動などその専門的役割を無視した実態があります。これとは異なった提起です。司書教諭発令により学校司書の配置をやめることも起きていますが、この動きを肯定していません。この計画は閣議で決定されたことであり、文部科学省だけでなく総務省も拘束するものとして、注目したいと思います。

　このことを踏まえた計画立案の工夫が必要です。専門的職員が果たすべき役割、業務を民間に委託することは、この計画には一言も述べられていません。子どもたちに直接接してサービスする業務を民間企業に委ねるようなことは、この計画からは見出せません。

　第四に地域で読書活動をしている団体、グループに対する行政的支援です。

　これは基本計画でも強調していることです。しかし実際には不十分な実態にあります。表7,8は日本図書館協会の調査結果です。図書館の支援では資料と場の提供はしているが、職員の派

表7　地域団体の読書活動についての公立図書館の支援

	市区町村数	割合
団体の活動に図書等の提供（団体貸出）	768	62.3%
団体の活動に場、機会の提供	769	62.4%
団体に職員の派遣	224	18.2%
団体の相談にのる	504	41.1%
団体の活動について館報など広報紙に載せる	564	45.7%
団体の活動についてのポスターの館内掲示	577	46.8%
団体の活動についての案内、チラシの館内配布	595	48.3%
団体のための研修、講演を行う	283	23.0%

表8　地域団体の読書活動に対する自治体の支援

	市区町村	割合
補助事業がある	133	10.8%
ボランティア育成事業がある	124	10.1%
施設、物品等の貸与制度がある	105	8.5%
とくに無い	797	64.6%

遣は極めて少ない実態です。これは司書態勢が脆弱であることの表れともいえます。
　さらに自治体の支援は、ほとんど行われていません。計画では、これをどう具体化するかが求められています。

　第五に、こういったことを行う財政の問題です。
　今の自治体財政の状況では、このような読書推進計画はできる道理がないという意見があります。確かに深刻な事態です。現在一般会計予算に占める図書館の経費の割合は、バブル前に比べて減っています。
　2000年度の市区町村のデータをみると、
　　　図書館を設置する市区町村の一般会計予算総額　　41兆3482億3100万円
　　　図書館総経費（人件費を含む推定額）　　　　　　2026億2048万円
という実態で、人件費を含む図書館総経費は一般会計予算総額の0.49%程度と思われます。しかしより立ち入ってみると、図書館総経費を一般会計予算総額の1%以上予算化した市区町村は198あり、それは図書館設置市区町村の12.2%を占めます。
　市区町村の資料費は322億7546万円で、一般会計予算総額の0.07%程度と推定されますが、一般会計予算総額の0.2%以上予算化した市区町村は203で、これも図書館設置市区町村の12.5%を占めます。
　決して多いわけではありませんが、現に一般会計予算額の1%以上の図書館総経費、0.2%以上の資料費を措置しているところがあります。これをモデルに考えてみる必要があるのではないでしょうか。これくらいまでは予算化できる、ということを目標に、同時に自分たちの図書館の経費構造がどうなっているのか、資料費、人件費、コンピュータ経費、施設維持費等が他に比較してバランスを欠いていないか、などを点検し、無駄な経費を見直すことが必要です。優れた図書館活動を行っている自治体と比較して、それに到達する年次計画を策定することです。

　第六に、計画策定の方法についてです。
　自治体の計画策定には図書館職員は絶対に関わるべきです。図書館員が核になって教員、保育士、児童館や学童保育の職員、民間の同種の施設の職員などを交えて計画を立案する工夫をすべきです。計画の策定やとりまとめは、教育委員会や青少年対策の部局が行うことと思いますが、その内実をつくるのは図書館員です。
　この際、図書館や学校図書館のほか、学校、保育園、幼稚園、児童館、公民館などに措置されている資料費はどの程度かを調査し、その執行状態や今後のあり方を検討する機会にしたいと思います。
　さらに図書館利用者および地域の読書活動をしている住民を交えた組織により計画を考えることが必要です。計画の策定は図書館はできません。しかし読書の問題を、それを専門とする図書館を抜きにして、関係のない部局が策定すべきではありません。先に述べたことが保障されません。
　こういった取り組みをすることがあって初めて、意味のある計画立案になると思います。

質疑応答

司会・進行　中多　泰子

司会　　　　会場の参加者のみなさんから質問をいただき、それに答えていただきながら、さらに、この法のあり方について考えていきたいと思います。

Q　　　　　司書教諭は、なぜ専任で置けないのでしょうか。予算の問題だけなのですか。

宮崎　　　　司書教諭については、学校図書館法に「教諭をもって充てる」と規定されていますが、これは、「進路指導主事」や「教務主任」と同様に教諭に対する職務命令の一つであります。

　　　　　　司書教諭を兼任とする理由については、学校図書館の充実・振興のためには、司書教諭のみならず、校長のリーダーシップの下、全教職員が一致協力して運営に当たることが必要であることと、教育指導と学校図書館の指導は極めて重要な関連があり、司書教諭は、教員としての教育活動を行いつつ、学校図書館の業務に携わる仕組みとすることが適当であるからです。

　　　　　　また、司書教諭については、新たに教職員配置改善計画の中で定数上の配慮を行うことは、現下の極めて厳しい財政状況の下では困難であると言わざるを得ません。

　　　　　　なお、司書教諭の兼務による負担軽減については、各学校の校務分掌上の工夫において対応していくことも一つの方策であると考えられます。

Q　　　　　子どもの読書活動の推進に関する基本計画は、スポーツ・青少年局青少年課が公表しておられる。子どもの読書活動の推進については生涯学習政策局が担当すると思いますが、基本計画における「国」とはどの組織のことですか。

宮崎　　　　子どもの読書活動そのものが、スポーツ・青少年局の青少年課の担当となっています。今回の法律における基本計画については、青少年課が文部科学省のとりまとめを行い、さらに、厚生労働省など他省庁との調整も行っています。学校図書館につきましては初等中等教育局の児童生徒課、公立図書館については生涯学習政策局の社会教育課が担当しております。どこの局かということではなく、この法律自体政府がつくっているものですから、国全体で推進していくということです。

Q　　　　　「公共図書館と学校図書館の現状と課題」の報告によれば、学校図書館法を充実させた方が、目的を達成できると考えますが、なぜこの推進法と基本計画を設定するのでしょうか。

宮崎	確かに学校図書館法を充実すればその部分は進むでしょうが、すべての子どもがあらゆる機会とあらゆる場所において、自主的に読書活動を行うことができるよう、社会全体での取り組みを推進していくということで、推進法を設定しています。
Q	「基本計画」第3章2の（3）の④「学校図書館の活用を充実していくための人的配置の推進」に校長・司書教諭の次に教員・事務職員やボランティアとありますが、なぜ「司書」という文字が使われていないのでしょうか。
松岡	「司書」は図書館法に基づく公共図書館における資格ですから、学校図書館にその司書資格をもつ職員がいてもその人を「司書」と称したり、また学校図書館の仕事に従事している職員に対して「司書」と称することは、政府文書としては避けると思います。学校図書館事務職員という言い方をしていますが、ときには「学校司書」と表現していることもあるようです。
Q	基本計画の司書教諭の部分について、「職務内容についての指導資料を作成する」とありますが、いつ頃どのような形で出されるのでしょうか。 　もう一つ。司書教諭が学校図書館で中心となるならば、それに見合った勉強が必要であり、今の講習では不十分だと思いますが、どのようにお考えでしょうか。
宮崎	司書教諭の職務内容についての指導資料については、現在、文部科学省内において検討を進めているところです。現在行っている学校図書館の現状に関する調査の結果などを踏まえて、10月から検討会議において検討を進め、来年2月に完成、3月に配布を予定しています。 　司書教諭については、学校図書館法の規定により、司書教諭講習を修了した者でなければならないとされており、司書教諭講習においては、現在、5科目10単位の修得を課しています。 　司書教諭は、児童生徒の主体的・意欲的な学習活動、読書活動を充実していくため、学校図書館の活用について中核的な役割を果たすものでありますので、司書教諭が十分その職務を果たせるよう指導資料の作成等により、支援していきたいと考えています。
Q	基本計画の公共図書館の整備充実のところで移動図書館車の整備ということが出ていますが、移動図書館車のサービスを取り上げる以前に地域での図書館サービス拠点整備（地区館）等の整備充実を行うことが必要ではないでしょうか。移動図書館は地域サービスの一つの方法であって地域サービス全体を補完するものと捉えられてしまわないようにしたいものです。
宮崎	基本計画においては、一番に地域における子どもの読書環境の整備として、図書館の設置をあげ、さらに、地域の実情に応じて分館や公民館図書室などの整備に努めるとしています。まず移動図書館をすすめてくださいと言っているわけで

はなくて、いろいろな方策の一つとして考えていただきたいと思います。

Q 推進法で学校図書館職員の役割の重要性を認めていることに、大いに心を強くしているところです。私の住む東京日野市では13年前より独自に学校図書館に職員を配置しています。こうした自治体への励まし、財政的援助を是非お願いします。日野市では、学校図書館法改正により司書教諭が発令されたら、独自職員を廃止するとのことで、住民運動で請願を始めています。

宮崎 学校における読書活動の推進のためには、校長のリーダーシップのもと、教職員の協力体制を確立して学校図書館の運営が行われることが重要であり、その中心として司書教諭が位置付けられています。

学校図書館に置かれる事務職員であるいわゆる学校司書は、このような司書教諭などを補佐し、学校図書館に関するさまざまな事務にあたるものです。

学校司書は、司書教諭と異なり制度化されているものではなく、現在、職種においても雇用形態においてもさまざまであり、一律に扱うことはできないと考えています。

なお、文部科学省では、学校図書館の重要性とその事務量の増大に配慮して、小中高等学校の事務職員の配置基準を改善したところであり、教職員定数上の事務職員配置の外に、市町村費で事務職員を配置できるよう地方交付税を措置しています。

すべての学校に専任の学校図書館職員を配置することにつきましては、学校全体における定数配置の優先度、財政事情などの課題があると考えています。

Q 8月に実施した学校図書館の調査で示された蔵書の基準は、現在の蔵書の状況に合わないと思いますがどうでしょうか。

二つ目に、本当に使える資料の数の調査が必要です。総合的な学習の時間が始まっても、学校図書館の整備をする人間がいませんでした。だから、手軽に始められる「朝の読書」に走ったのではないでしょうか。2003年に司書教諭の発令がありますが、兼任で子どものための豊かな読書環境づくりや読書活動ができると考えているのでしょうか。12学級未満の学校への処置も是非考えていただきたいです。

宮崎 学校図書館図書標準については、平成5年3月に公立義務諸学校に備えるべき蔵書の標準として、当時の蔵書数をおよそ1.5倍とすることを目標に設定されたものです。この図書標準を達成するために、平成5年度から9年度までの5年間で、およそ500億円の地方交付税が措置されており、その後も、毎年約100億円程度の地方交付税措置が行われてきました。

さらに、平成13年12月の「子どもの読書活動の推進に関する法律」の施行や、平成14年度からの新学習指導要領の実施などを踏まえて、新たな「学校図書館図書整備5か年計画」を策定し、平成14年度からの5年間で、毎年約130億円、

総額約650億円の地方交付税を措置することとされたところです。

　学校図書館図書標準は蔵書を充実するための達成目標ですが、児童生徒の主体的・積極的な学習活動・読書活動を支えていくという学校図書館の機能を活かすために、蔵書を充実させていくことが重要です。

　学校図書館の蔵書を充実していくとともに、児童生徒の学習活動・読書活動が支援されるよう、学校図書館フォーラムの開催や指導資料の作成などを通じて、指導していきたいと考えます。

　司書教諭につきましては、児童生徒の主体的・意欲的な学習活動、読書活動を充実していくために、学校図書館の活用について中核的な役割を果たすものでありますが、司書教諭が、十分その職務を果たせるよう指導資料の作成などにより、支援していきたいと考えています。

　なお、11学級以下の学校について司書教諭を配置することについては、司書教諭の有資格者の状況や学校における校務分掌の在り方などの面も含めて、今後検討していくべき課題であると考えています。

Q　　　　まず、意見ですが、読書は本来自由で個人的なものということを、関係者、特に学校の教員は共通認識するべきです。そうでないと、一斉読書で読む本を指定するようなことがはじまると思います。

　松岡さんに質問。子どもの読書にかかわる司書の職務内容を明示（司書教諭も学校司書も同じく）することで、その役割機能が明確になると思います。そのようなものを作ってはどうかと提案したいが、いかがでしょうか。

松岡　　　子どもへのサービスを行う司書の職務内容はいかなるものか、について考える参考資料としては、アメリカ図書館協会児童図書館部会の出した「公共図書館・児童サービス担当図書館員の専門的能力について」があります。この改訂版（1999年6月）を翻訳したものが『現代の図書館』40巻2号に掲載される予定です（竹内悊・訳）。日本図書館協会で取り組んだ試みとして言うと、中堅研修を立ち上げるときに公共図書館の業務分析をやりました。司書が担うべき業務と一般職員に委ねてもよい業務を整理しました。これは協会のホームページに掲載しております。「子どもへのサービス」については、資料の提供、利用案内、読書案内、お話会等、学校等との連携の5項目については、いずれも司書が担うべき業務だということを明確にし、合わせてその理由も記しました。今度の基本計画には、さきほど引用して説明したとおり、児童文学や子どもの発達についてかなりの知見を求めています。子どもの本は嫌いだ、ということは許されないということです。ご意見のように、業務分析に基づいた職務内容の明確化は、確かに必要だろうと思いますし、そのことを検討し、練るような仕組みができればよいと思います。

　同じように、学校司書と司書教諭の職務内容についても分析を行ってはどうか、というご意見ですが、これについては慎重にした方がよいのではないかと思いま

す。学校図書館専門職員の配置状況は、大変問題のある実状にあります。学校司書、司書教諭とも決してよい状況ではなく、説得力のある結果が得られるような分析ができる状況にはないと思います。なまじ抽象的レベルで業務分析をやれば、いかなる結果を招くかということははっきりしているわけです。

　学校図書館法改正の国会審議での論議内容と今度の基本計画の内容とでは、相当の差異を感じるのは、学校司書の役割についてです。基本計画では、かなり強調されてきているのではないかと思います。学校司書がいてやっている実践がそれなりに反映されているのだと思います。司書教諭の実践は相対的に、今のところ数が少ないということもありますから、分析的にやれるような状況は残念ながらないと思います。そのような状況でまとめることはやめた方がよいのではないかと率直に思います。

　しかし、体制がそれなりに整っている学校においてはどうか。先駆的に示すことはあるかもしれません。それを全体的に普及させるということが、この問題を考えるのに大事なことは否定しません。

Q	都道府県での推進計画策定に当たって留意するべき点、考え方などがあればお教えください。
松岡	この事業は教育委員会が所管することが一般的だと思われますが、青少年対策という面からすると、必ずしも教育委員会とはなりません。これをどこの部局が担当するかはかなり重要であると思います。子どもの読書を保障する中心は学校と公共図書館であることを基本計画は明確にしています。その中心的な役割を果たす学校と公共図書館が、自治体が計画を策定する際にも中心的な役割を果たせるような検討組織をつくるべきだと思います。

　もう一つは都道府県の計画待ちにならないようにするということが大事だと思います。都道府県の計画をみてから市町村の計画を立てる、とせず、市町村が主導的に計画を立案すべきだと思います。都道府県という広域の単位で考えるとリアルなものにならないのではないか、政府の計画の言い換えで終わってしまうのではないかと懸念されます。県には、過疎地域と巨大都市部の両方を抱えたところがかなりあります。それを一律にした計画などできる道理はありません。

　そこで都道府県には、市町村が計画を立てやすいように、その環境づくりを求めたいと思います。政府は、都道府県の計画策定を支援するための来年度予算を要求しているとのことですが、それは市町村における計画策定にも資するような内容としていただきたいと思います。

　県立図書館は計画策定はできませんが、事実上中心的な役割は果たすべきだと思います。基本計画を各教育委員会に通知した文部科学省3局長連名の文書（2002年8月9日）には、都道府県に対して図書館の設置促進を一項目入れています。図書館を設置していない市町村の解消が重要な柱だということが、強調されているということであり、それを都道府県の計画にどうやって織り込むか、

何年頃までに何パーセントの設置率を目指すか、というようなことを重要な指標として示すことだと思います。それについては都道府県立図書館が実状をよく掴んでいるわけですから、それを反映させることが必要だと思います。「公立図書館の設置及び運営上の望ましい基準」も、都道府県教育委員会の役割と、都道府県立図書館の役割をかなり明確に書いていますから、それも踏まえて提起すべきだと思います。

Q　　　　地域によっては学校図書館へのボランティアの導入の際に、行政が司書の資格を持った人、あるいは読書活動のボランティア活動をしている団体の人ということで募集をしたと聞きました。ボランティアは「司書」で、一方で学校図書館に席があって図書を整理し、児童生徒に接して指導もする人たちが「事務職員」という職名とは…。肩書き的にいかがなものかという印象をかねがねもっていました。本間さんのレジュメの「専任の人」とは司書教諭のことでしょうか。

本間　　　学校図書館の課題としての職員問題については、身分についても職名についても制度的な問題がありますが、ここでは①に、来年度から司書教諭が発令されますが、その司書教諭は専任ではないという問題、専任が必要だということです。②は学校司書について、学校司書はいろいろな立場でそれぞれにその役割を果たしているのだけれども法的に整備されていない、専門の職員といえない問題があるということです。③のボランティアの導入については非正規の問題です。日本図書館協会学校図書館部会では職員問題についての見解として、いろいろな主張を持った人たちが集まった団体として、学校図書館職員像について「専任」「専門」「正規」でなければならないということを確認してきていますので、①②③の問題点をあげております。

司会　　　終わりになりますが、それぞれここで、一言ずつフォローしていただきたいと思います。まず、宮崎さんからお願いします。

宮崎　　　たくさんの質問ありがとうございました。国もこの基本計画を作りまして、予算も含め努力していきます。本日お集まりの皆様におかれましても、学校図書館、公立図書館、あるいは子ども文庫などさまざまな活動の場において、子どもの読書活動の一層の取り組みをお願いします。皆さんといっしょに、子どもの読書活動を推進していきたいと考えておりますので、よろしくお願いします。

中島　　　今日は参加させていただいて、自分の自治体でこれから推進計画を作るにあたって大変ポイントになるところを、いくつか抑えることができました。
　　　　　ひとつは私どもとしましては、20数年にわたる図書館での実践の中で、連携をとることができた諸団体と、かなり人的ネットワークができつつありますので、その計画作りにあたっては、ポイントになるキーパーソンにきちんと、入ってい

ただこうということです。推進計画を作るメンバーはどうしても充て職ということになりますが、実質的な話ができる、今までの人的ネットワークを活かした実践的な人たちに集まっていただいて、実りのある計画にしたいなと思っています。

　二つ目は、自分の地域の読書をめぐる実態がどうなっているのかということを、まず調査をしたいと思います。今、いろいろな施設内で、子どもの本を置いているところは増えておりますけれども、図書館から見ると、その実態が見えないこともよくあります。例えば、集会所などがありまして、一角に図書コーナーがあって、ボランティアの方が時々読み聞かせをなさっているというようなこともあるわけですけれども、そこの本がどういうふうに買われているか。消耗品の一部として購入することもあるし、図書館の廃棄本をくださいというようにして、努力して集めていることもありますけれど、やっぱりかなりきびしい状況なんですね。どんなふうに子どもの本が置かれていて、どういうふうに読まれているのか調査をして、計画作りをしていきたいなと考えております。

　最後に一点、宮崎さんに是非現場の希望を具体的なところでお願いしたいなと思います。国の方策のひとつとしての財政的な支援で、開放端末の設置についての補助ですとか、移動図書館の設置とか、読書推進計画作りのモデル事業の実施とか、さまざまに出てきているんですけれども、その事業規模が、500万円を超えるものを対象とするということです。500万円ということになりますと、補助率が半分として各自治体負担は250万円ということで、なかなか手の届く範囲ではないんです。最近の事例で、ウチの場合も移動図書館車の次世代ということで、今後老人ホームなどの施設内に入るときに小回りのきく車輌ということで、360万円くらいの車輌にして要望を出したんですが、500万円にならないということで、初めから対象外ということになりました。近隣の自治体では、コンピュータを利用者用に開放するために追加したいということだったんですが、単価・総価ともに満たないということで対象外ということもありました。その辺、財源としては同じであっても、事業規模を下げたり、あるいは補助率を上げたりということで、もう少し全体的に活用できる範囲をひろげるような対応を取っていただけないかと、これはお願いでございます。

　本日は、私も大変勉強させていただいて、ありがとうございました。

本間　　　　今日は、学校図書館のことがフロアからも話題になりましたし、質問もたくさん文部科学省の方に聞いていただけてよかったと思います。

　さあ本を読みましょう、この本はおすすめですよと、子どもたちに働きかけるというか、呼びかけることは後からのことで、子どもたちの方から、何を読もうかな、どんな本で調べたらいいの？　と言ったときに、始めればいいことだと思うんですね。読書環境を整備するということは、子どもたちが何を読もうか、どうしようかなというようになる環境を作るということで、的確で必要なタイミングを見計らった本を揃えて手渡していく、子どもを常に見ているという人が必要

だと思います。本を読んで感動する体験は子どものうちに、たくさんして欲しいと思っていますし、そういう意味では、学校では教職員が教育的観点から、そういう学校教育あげての姿勢を作っていくことが先に必要であると思います。学校図書館は子どもを読者として育てていく場でもありますから、そういう指針が、文部科学省なり行政なりから出てくれば、学校教育にかかわる先生方も私たちも変わってくると思います。

　質問にもたくさん出ておりましたけれども、来年度から発令される司書教諭が、専任ではないことの大きな問題、司書教諭が発令されれば変わっていくという誤解ですね。今も学校には図書係の先生がいます。専任ではないです。その方たちと同じなのが、今度の司書教諭ということで、何か新しいことが司書教諭という名前で始まるかのように、どこか期待しているところがあるんですが、やはり、専任でなければ今と同じ、学校図書館は変わっていかない。そういう大きな問題があります。

　それから、質問にも出ていましたが、非正規の人たちが、たくさん熱心に働いています。子どもたちに、いろいろな力や感動を与えているという実態もあります。その人たちが、専門性を掲げていくようになっても非正規のままおかれているということも、大きな問題として残されています。

　私の方からも宮崎さんに、是非初等中等教育局の方へご伝言願いたいと思いますが。子どもたちの読書を本当に憂えて、活字離れを本当に憂えて、何かをしなければということを、政策として検討される姿勢はよくわかるのです。予算もつきましたが、なにをおいてもまず学校の現状を見ていただきたい。学校図書館の課題ははっきりしているわけですから、その解決に取り組んで欲しいと思います。この法律ができて動き始めているわけですから、この法律が学校図書館を変えていく大きな力になることを期待したいと思います。よろしくお願いします。

松岡　　　　さきほど紹介しきれなかった公民館図書室のデータを示し、総じて貧弱な実態について述べたいと思います。2万もの公民館に図書室があるから図書館はいいのではないか、ということを言われかねないからです。

　1999年に県立図書館、県教育委員会の協力を得て行った町村公民館図書室調査です。蔵書冊数は5万冊以上が2町村ある一方、1万5千冊未満が66%です。資料費は1千万円以上が11町村ある一方、100万円未満が72%です。うち50万円未満が48%です。拠点はあるが、子どもにとって有効な読書環境となっているような公民館図書室をもつような町村がいくつあるのだろうかと思います。児童館についても調べるデータがあるとよいと思っています。

　子どもに本を読むことを督励するようなことは避けたいということは皆さんからも出されました。『日本教育新聞』6月14日付けに紹介されていましたが、世田谷区の小・中学校には教育目標を数値化するということが行われているとのことです。例えば、「みんなで読書を5千冊」とか、「夏休みの親子読書の参加人数

を前年度2割増」、「年間22回の全校読書」、「毎週15分ずつ2回の朝読書」。こういうことを数値として示していることについて、結果としてそうなれば、お互いに喜び合えばいいわけですが、そこを目標にすることはどうかなと思います。目標を掲げている学校の図書館の実態を是非調べてみたいと思います。それが保障される環境になっているかということです。新聞報道ですから、世田谷区教育委員会に対しては不名誉なことを紹介したかもしれませんが、事実を調べたいと思っています。

司会　　　この子どもの読書活動の推進に関する法律が、去年の12月にできて、8か月以上経ったわけです。基本計画が策定されて、閣議決定もされ、来年度の予算立案の関係もありますから、各都道府県、地方自治体、市町村でもこの推進計画に取り組んでいる時期だと思います。それはお役所の中枢の方たちでやられるのでしょうが、実際は作業部会・ワーキンググループがなければ、中身が作れないと思います。図書館で実際にサービスをしている職員が、ワーキンググループに加わるというような状況にあると思います。今日の会でいろいろな示唆をいただいたのではないかと思いますので、それぞれの市町村が、抽象的ではなく具体的に実りのある推進計画ができるよう活かしていただけたらと思います。

　本当に今日は長時間にわたりまして、スピーカーの皆様をはじめ、ご参加の皆様ありがとうございました。

資 料

> シンポジウム
> # 「子どもの読書活動の推進に関する法律」を考える
>
> 主催：(社)日本図書館協会

　「子どもの読書活動の推進に関する法律」が2001年12月12日に制定されて以来、各地で取り組みが始まりました。今後どのようにこの法律を生かしていくか、各方面から報告及び問題提起をしていただきます。

日　時：2002年8月31日(土)　午後1：30～4：30

会　場：日本図書館協会2階研修室

受　付：午後1:00

開　会：午後1:30

内　容：シンポジウム「子どもの読書活動の推進に関する法律」を考える

　　　1．法律制定の趣旨(子どもの未来を考える議員連盟事務局長)(予定)　　10分

　　　2．国と地方自治体のとりくみ(文部科学省社会教育課課長補佐：宮崎康之)　15分

　　　3．公立図書館と地域社会との連携 (東村山市立中央図書館館長：中島信子)20分

　　　4．学校図書館の状況と今後の課題―この法をどう生かすか―

　　　　　　(日本図書館協会学校図書館部会部会長：本間ますみ)　20分

　　　5．日本図書館協会の見解とまとめ(日本図書館協会総務部長：松岡要)　20分

　　　＜休憩　　3:15～3:30＞

　　　6．質疑・討論　　3:30～3:50

　　　7．発表者から　　3:50～

司　会：中多泰子(日本図書館協会児童青少年委員会委員長)

閉　会：4:30

　　　　　　　　　　　　　　(社)日本図書館協会

　　　　　　　　　　　　　　〒104-0033中央区新川1－11－14

　　　　　　　　　　　　　　電話 03－3523－0811　Fax03－3523－0841

子どもの読書活動の推進に関する法律

平成13年12月12日
法律　第１５４号

（目的）
第1条　この法律は、子どもの読書活動の推進に関し、基本理念を定め、並びに国及び地方公共団体の責務等を明らかにするとともに、子どもの読書活動の推進に関する必要な事項を定めることにより、子どもの読書活動の推進に関する施策を総合的かつ計画的に推進し、もって子どもの健やかな成長に資することを目的とする。

（基本理念）
第2条　子ども（おおむね18歳以下の者をいう。以下同じ。）の読書活動は、子どもが、言葉を学び、感性を磨き、表現力を高め、創造力を豊かなものにし、人生をより深く生きる力を身に付けていく上で欠くことのできないものであることにかんがみ、すべての子どもがあらゆる機会とあらゆる場所において自主的に読書活動を行うことができるよう、積極的にそのための環境の整備が推進されなければならない。

（国の責務）
第3条　国は、前条の基本理念（以下「基本理念」という。）にのっとり、子どもの読書活動の推進に関する施策を総合的に策定し、及び実施する責務を有する。

（地方公共団体の責務）
第4条　地方公共団体は、基本理念にのっとり、国との連携を図りつつ、その地域の実情を踏まえ、子どもの読書活動の推進に関する施策を策定し、及び実施する責務を有する。

（事業者の努力）
第5条　事業者は、その事業活動を行うに当たっては、基本理念にのっとり、子どもの読書活動が推進されるよう、子どもの健やかな成長に資する書籍等の提供に努めるものとする。

（保護者の役割）
第6条　父母その他の保護者は、子どもの読書活動の機会の充実及び読書活動の習慣化に積極的な役割を果たすものとする。

（関係機関等との連携強化）
第7条　国及び地方公共団体は、子どもの読書活動の推進に関する施策が円滑に実施されるよう、学校、図書館その他の関係機関及び民間団体との連携の強化その他必要な体制の整備に努めるものとする。

（子ども読書活動推進基本計画）
第8条　政府は、子どもの読書活動の推進に関する施策の総合的かつ計画的な推進を図るため、子どもの読書活動の推進に関する基本的な計画（以下「子ども読書活動推進基本計画」という。）を策定しなければならない。
2　政府は、子ども読書活動推進基本計画を策定したときは、遅滞なく、これを国会に報告するとともに、公表しなければならない。
3　前項の規定は、子ども読書活動推進基本計画の変更について準用する。

（都道府県子ども読書活動推進計画等）
第9条　都道府県は、子ども読書活動推進基本計画を基本とするとともに、当該都道府県における子どもの読書活動の推進の状況等を踏まえ、当該都道府県における子どもの読書活動の推進に関する施策についての計画（以下「都道府県子ども読書活動推進計画」という。）を策定するよう努めなければならない。

2　市町村は、子ども読書活動推進基本計画（都道府県子ども読書活動推進計画が策定されているときは、子ども読書活動推進基本計画及び都道府県子ども読書活動推進計画）を基本とするとともに、当該市町村における子どもの読書活動の推進の状況等を踏まえ、当該市町村における子どもの読書活動の推進に関する施策についての計画（以下「市町村子ども読書活動推進計画」という。）を策定するよう努めなければならない。

3　都道府県又は市町村は、都道府県子ども読書活動推進計画又は市町村子ども読書活動推進計画を策定したときは、これを公表しなければならない。

4　前項の規定は、都道府県子ども読書活動推進計画又は市町村子ども読書活動推進計画の変更について準用する。

（子ども読書の日）

第10条　国民の間に広く子どもの読書活動についての関心と理解を深めるとともに、子どもが積極的に読書活動を行う意欲を高めるため、子ども読書の日を設ける。

2　子ども読書の日は、4月23日とする。

3　国及び地方公共団体は、子ども読書の日の趣旨にふさわしい事業を実施するよう努めなければならない。

（財政上の措置等）

第11条　国及び地方公共団体は、子どもの読書活動の推進に関する施策を実施するため必要な財政上の措置その他の措置を講ずるよう努めるものとする。

　　　附　則

この法律は、公布の日から施行する。

子どもの読書活動の推進に関する法律案に対する附帯決議（衆議院）

政府は、本法施行に当たり、次の事項について配慮すべきである。

一　本法は、子どもの自主的な読書活動が推進されるよう必要な施策を講じて環境を整備していくものであり、行政が不当に干渉することのないようにすること。

二　民意を反映し、子ども読書活動推進基本計画を速やかに策定し、子どもの読書活動の推進に関する施策の確立とその具体化に努めること。

三　子どもがあらゆる機会とあらゆる場所において、本と親しみ、本を楽しむことができる環境づくりのため、学校図書館、公共図書館等の整備充実に努めること。

四　学校図書館、公共図書館等が図書を購入するに当たっては、その自主性を尊重すること。

五　子どもの健やかな成長に資する書籍等については、事業者がそれぞれの自主的判断に基づき提供に努めるようにすること。

六　国及び地方公共団体が実施する子ども読書の日の趣旨にふさわしい事業への子どもの参加については、その自主性を尊重すること。

子どもの読書活動の推進に関する法律案について

2001年11月　　社団法人日本図書館協会

子どもたちの読書の推進を図るために、子どもたちの読書活動の推進に関する法律案が上程されるとのことです。子どもたちはこの法案について、立法の趣旨とは異なる事態が招来するのではないかと懸念をもちます。

本来、読書とは、自由で自主的、私的な行為であり、法制化により、それを進めることが適切か疑問をもちます。子どもたちの自発をもとにした自由な読書が保障され、その推進をするための環境整備の施策こそ急務であると考えます。

法案では、子どもたちの健やかな成長に資する読書活動の推進という目的と基本理念が掲げられ、その実現を図るための、国・地方公共団体の責務、事業者の努力、保護者の関与、関係機関等の連携強化などの、基本計画の策定や財政措置等をうたっています。しかし、子どもたちがあらゆる機会と場所において自主的に読書を行なうことができていない現状を変えうるならば、何がそれを阻んでいるのかを分析し明らかにしたうえで、それぞれの課題に取り組むことが重要です。

それは明白です。公立図書館が未だ5割近い市町村に設置されていないこと、子どもたちの生活圏域に図書館がないこと、学校図書館には専任の専門職員がいないこと、さらに資料費が十分措置されていない現状があります。これではこどもたちが読書にひたることは出来ません。

本や司書の努力が整っていれば、子どもたちは自然と楽しむことが出来ます。公立図書館では、本や司書の配慮により子どもたちを楽しむことは毎日たくさん出来ております。専任の専門職員が配置されている学校図書館では、いきいきと読書する子どもたちの姿を目にすることができます。こういった光景を日本中に広げることこそもっとも必要なことであり、そのための施策を実施することは、国・地方公共団体の責務です。私たちはそのための取り組みを重ねてきているところです。

法案にある事業者の努力や保護者の役割、それぞれの立場で意識的、積極的に行なうことの効果があるものと考えます。法で定め、強いるものではないと考えます。

法案には事業者の努力として「子どもの健やかな成長に資する書籍等」の提供を述べています。それは、誰がどのようにして決めるのでしょうか。「教育的な配慮」を理由として様々な図書が、子どもに「有害」であるとして問題になる事例が多くあります。子どもたちの知る自由の保障との関連で、これは慎重に対応すべきことです。

さらに法案では、国・地方公共団体が基本計画を策定することになっており、財政上の措置についても触れています。国や自治体の施策によって読書が画一的になるのではないか、結果として子どもたちを評価し、強制・強要による読書嫌いが生まれるのではないかと懸念します。以上のようなことから、この法案については以下のような点を明確にすべきであると要望いたします。

① 読書は自由で私的な営みであることを踏まえ、子どもの権利としての読書を保障する視点を明確にすること。読書は、強制や評価とは無縁の営為であり、子どもたちの自発的意思によりなされるべきものである。

② 子どもたちの読書振興のためには、公立図書館や学校図書館を充実し、専任の専門職員を配置し、充実した資料費を保障した読書環境の整備を図る施策が必要であり、その推進に資するものであること。

③ 子どもたちの読書の振興を図るために、現状と課題を明らかにした具体的施策を講じること。

④ 子どもの健やかな成長に資するとして、提供する図書の「選定」等が特定の図書の排除をもたらすようなことにならないこと。

⑤ 事業者の努力や保護者の役割、関係機関等の連携強化などは、法によって規制するものではないことを踏まえ、自発的に行なわれる読書振興活動を支援するものであること。

⑥ 財政措置は、一過性のイベント等で費消されるべきではなく、子どもたちの読書環境整備に永続的に資するための施策とすること。

子どもたちに本をもっと読んでもらいたいとの法案ですが、なぜ、このなかには図書館が明確に位置付けられていないのでしょうか。読書活動の推進は、図書館活動の推進であるべきであり、まず「図書館に行こう」から始まるものと考えます。

また図書館員や地域の読書活動に参加しているひとたちには、この法案が知られておりません。奇異な気持ちをいだきます。国会においては、即決することなく、関係者の意見を十分に聴し、立法の趣旨が十分理解されるよう、慎重な審議をお願いしたいと思います。

—47—

平成14年2月13日

社団法人日本図書館協会

子どもの読書活動に関する現在の状況および国に対する要望

子どもの読書活動の推進のためには、子どもの発達段階や多様性に沿った児童サービスが不可欠であるので、以下のことが求められる。

1. 公立図書館と学校図書館の充実が基本

子どもの読書活動の推進に関する法律がかかげる基本理念（第1条）を実現するにあたって最も基本的なことは、公立図書館および学校図書館の普及と充実である。なぜなら、「すべての子どもがあらゆる機会とあらゆる場所において自主的に読書活動を行う」ことを保障できるのは、公立図書館および学校図書館とその連携協力にほかならないからである。

2. 公立図書館未設置の市町村の解消

したがって、まず第1になすべきことは、公立図書館未設置の市町村をゼロにすることである。すでに図書館が設置されている地域であっても、子どもたちが行きやすい距離に子どもに配慮した分館等を設置することである。（現在、市町村図書館の全国設置率は50.6パーセントで、多くの場合は市に1館しか設置されていない。）
学校の全面週休2日制と総合的学習の時間が始まる平成14年度以降いっそう大きくなく、また日曜日に図書館が開館している意義はいっそう大きくなる。

3. すべての学校図書館への専任・正規の専門的職員の配置

学校図書館法第3条（設置義務）「学校には、学校図書館を設けなければならない。」建前上はすべての学校に図書館がある。しかし、専任・正規の専門的職員を置いていない学校図書館はきわめて多い。子どもの読書活動の推進に関する法律の基本理念を実現するためには、学校図書館にまず専任の司書教諭を配置する必要がある。平成14年度より学校図書館に発令される司書教諭は、12学級以上の学校にしか配置がなく、また専任でないという点でも問題があり、調べ学習との協力関係など、学校図書館全体の機能を果たす役割や、ますます高まる教職員との協力関係において、学校図書館が十分に機能するための課題解決には期待しがたい。

子どもたちの毎日の生活にとって最も身近な「読書活動推進の場」である学校図書館をソフト、ハードの両面から充実させることが最も重要なことである。

4. すべての公立図書館への児童青少年担当の司書の配置

すべての市町村に公立図書館が設置されたとしても、そこに専任の司書が適切に配置されなければ、住民に対して十分なサービスを提供することは困難である。特に、子ども（児童青少年）へのサービスを十分に行うには、特別な訓練と経験が必要である。したがって、すべての公立図書館に児童青少年担当の司書を配置することが重要である。

残念ながら、1995年には3814人であった児童担当の司書が2001年には952人に激減しており、この現状を改善していくことが緊急の課題である。

すべての公立図書館に児童青少年担当の司書を平均して1館あたり1名配置することは可能だと思われるにもかかわらず、実現していない。すべての市町村の図書館により多くの専任司書を配置する努力をするとともに、国、県、市町村レベルで実施する児童サービス担当者養成のための研修の充実をはかる必要がある。

5. 学校図書館図書整備費の適切な執行

職員と同程度に重要な要素は資料である。幸いにも地方交付税による学校図書館図書整備費は平成5年（1993年）いらい毎年は100億円が措置されてきたが、地方公共団体がその本来の目的への使用をしていない現実がある。文部科学省の意図が正確に実施され、多様化するメディアの充実のためにも、これを目的どおりに執行させる努力が大切である。

また、これまで高等学校には学校図書館図書費が措置されてこなかった。高度情報化社会において教養教育の重要性が強調される意味でも、高等学校に対する学校図書館図書費を措置することが望ましい。

6. 政府補助金による公立図書館資料情報整備費

地方公共団体の財政逼迫は公立図書館の資料費にも影を落としている。すなわち、日本図書館協会の調査によれば、全国の公共図書館の資料費は1997年から2001年に限っても毎年減少をつづけ、1997年に総額約370億円であったものが、2001年度の予算では346億円にまでなっている。

公立図書館の数は学校図書館の数と比べれば圧倒的に少ないから、学校図書館整備費の半額に相当する約50億円の補助金であっても、その効果はかなり大きなものが見込めるはずである。

この場合、調べ学習のためのコレクションを整える一方、乳幼児のためのコレクションや母親に対する啓発などにつとうとにも充当できるようにすべきである。また、学校図書館

一方、わが国の国際化の進展にともなって在日外国人は徐々に増え続け、2001年9月時点で136万人に達した。日本図書館協会は子どもゆめ基金による補助を得て、在日外国人の子どもたちにふさわしい絵本のリストを作成中である。「すべての子どもが」という法の基本理念を実現するために、今後ともこの種の事業が継続できるよう政府としての対応が望まれる。そのためにも、専門の知識と技術をそなえた児童サービス担当司書の要請と配置が緊急課題である。

以上

図書整備費の場合と同じく、これを目的どおりに消化させる努力が伴わなければならないと考える。

7. 公立図書館と学校図書館との連携の強化

総合的な学習のなかで調べ学習の整備状況から見て、学校図書館が本格化すれば、公立図書館への急激な負担増が避けられないと思われ、すでにその兆候は昨年度から各地で現れ始めている。この事態に対処しつつ調べ学習の成果を挙げるためには、教師と学校図書館の専門的職員(学校司書あるいは司書教諭)、学校図書館と公立図書館、教師と公立図書館の相互理解による協力・連携体制が欠かせない。

これを実現する有効な手段としては、学校図書館ならびに公立図書館における専門的職員の確保を前提として、関係者の認識を共有する場の設定が考えられる。その萌芽は散見されるが、文部科学省が指針を示しつつその動きを助成することが望ましい。

8. 学校図書館資源共有型モデル地域事業の継続・拡大

文部科学省が平成13年度に総額おょそ8億円の規模で始めた学校図書館資源共有型モデル地域事業は、学校図書館を活用した教育をよりいっそう推進することを目的とし、公共図書館等とのネットワークを組んで相互貸借のための資源共有システムを構築するものである。

これは調べ学習を予算面・システム面で支えるものであり、この事業を継続と同時に拡大することが望ましいと考える。

9. 地域で読書活動を行っている団体等への支援

地域で子どものために読書活動を行っている団体やグループは、市区町村で約6,250、都道府県で1,870あり、合計すれば8,120にのぼる(日本図書館協会調べ、2000年3月調査)。

全国的に見れば、公立図書館の60パーセント以上が地域の読書推進活動団体等に何らかのサービスを行っているが、地方公共団体よりいっそうこれらの活動を支援できるよう政府として何らかの対策を講ずれば、そのことがこれらの団体等への力強い支援となるはずである。

10. 障害をもつ子どもたちや在日外国人の子どもたちへのサービスの支援

障害をもつ子どもたちの読書活動を推進するためには、その環境の整備を優先させなければならない。しかしながら、各地の図書館にはその種の努力をする余力がほとんどなく、サービス体制の不備を否めないのが現状である。障害をもつ子どもたちの読書活動推進を支援するために、政府の強力な支援が望まれる。たとえば、点訳絵本、点字図書、録音図書、拡大写本、さわる絵本などの資料整備費が必要である。

—49—

2002年7月11日

子どもの読書活動の推進に関する基本的な計画（案）について

社団法人日本図書館協会

文部科学省は6月26日、「子どもの読書活動の推進に関する法律」（以下「法」）第8条の規定に基づいた「子どもの読書活動の推進に関する基本的な計画（案）」（以下「計画案」）を発表し、これに対する意見を募集している。日本図書館協会は、基本計画策定に関しての要望（2002年2月）、基本計画案についての見解、意見、要望等を明らかにする。以下のとおり計画案についての見解、意見、要望等を明らかにする。

1　計画案について

1　読書は本来、自由で自主的な個人的な営為であり、行政施策はあくまでも子どものための環境整備にある。子どもたちに読書を強制することは排されるべきである［アメリカ版親子読書25箇条」竹内紋訳　参照］。
　計画案の目的は、法第2条に明記され、計画案第1章に記されているとおり「すべての子どもがあらゆる機会とあらゆる場所において、自主的に読書活動が行うことができるよう、積極的にそのための環境の整備を推進」することのためにある。つまり子どもが「本に親しみ、本を愛し、本を読み、感性を磨き、表現力を高め、創造力を豊かなものにし、人生をより深く生きる力を身に付けていく」ことができる環境づくり（衆議院付帯決議）を整備する5か年計画である。

2　法第8条に基づく本計画は、政府として実施すべき計画案として計画を立案、施策を実施するための計画である。本法は国が実施することのほかに、自治体が実施することとの関連でどう捉えるべきか、別途検討が必要である。法第9条により自治体が計画を立案、施策を実施することと、地方分権の視点計画案に掲げられている項目のほとんどは、自治体が実施すべき項目であり、ある意味では指針の役割を果たしている。自治体における内容ではないようである。

法第9条では、政府の計画は自治体が政策を策定する際の基本をなすようにしている。自治体はそれぞれの自治体の現状に即して、それは自治体にとって拠りどころとすることは極めて困難である。自治体が内容豊かな計画を策定するように財政的支援を織り込んだ計画案とすべきである。政府の計画は自治体の推進計画の基本として位置付けられている。自治体案は5か年計画とされているが、その達成目標となっていない。数値については平成5年に文部省（当時）は「学校図書館図書標準」を示し、達成の水準が明確ではない。例えば「学校図書館図書標準」は5か年でそれをどこまで整備するか、その整備をどこまで実現するか、どこまでに実現するか、などの目標を示すことは必要となる。

4　図書館における司書、および担当職員、およびその配置を促していることは極めて重要である［「公共図書館・児童サービス担当図書館員の専門的能力について」竹内絃訳　参照］。とりわけ学校図書館担当事務職員（学校司書）の配置促進を述べていることは、大事を提起である。

2　政府として実施すべき内容

1　図書館法第20条に基づく図書館の施設、設備に要する経費等の補助事業を実施する。これは法律に明記された補助事業であり、政府に課せられた極めて有効な施策である。事業は、図書館設置の内容豊かなものとする。
2　地方交付税の内容豊かなものとする。公立図書館における地方交付税措置には、例えば市町村の図書館長の人件費が算定されており、いまや8割以上の図書館に導入されているコンピュータの経費についても算定されていない。学校図書館も施設設備の拡充のための経費を積極的に計画案に言及しないのでは不十分である。また公立、学校いずれの図書館整備についても高等学校には措置されていないので、これも積算すべきである。
3　司書教諭の発令は教育委員会が行うようにし、これも積算すべきである。学校図書館法改正に基づく司書教諭の発令が本格化しようとしている。司書教諭の働きをより豊かなものとするためにも、単なる校務分掌ではなく、教育委員会発令を明確にする。さらに司書教諭の専任化を目指す。
4　障害児の割引制度の存続、充実させることが極めて重要である。盲人用郵便（便物）の無料制度、障害者用小包の割引制度の存続が極めて重要である。
5　学校図書館の施設設備の整備計画を策定する。

3　個別的事項

計画案には、指摘し意見を述べるべき点が多数ある。ここでは先に提出した要望の内容に即して重要と思われる点を述べる。

1　子どもたちに読書冊数を競わせることや、現場の状況を考慮せず全校一斉の読書活動を行うこと、読書嫌いにさせかねないような過度の取り組みについては排除されるべきである。
2　図書館がないなかでブックスタートを構想したり、児童館、保育園などに図書館の児童室の肩代わりをさせるのではないよう、図書館が子どもの生活圏に設置されるように述べる。
3　子どもにインターネットを活用した情報活用能力を身に付けるための司書の役割についてふれる。
4　在日外国人の子どもたちの読書環境整備を図る。親の母語、親が行った国の文化を子どもに伝えることの出来るよう資料の整備や人的態勢を整える「みんなで元気に生きよう─多文化サービスのためのブックリスト137─」日本図書館協会　参照］。
5　障害児のための布の絵本、おもちゃ絵本、おもちゃなど多様な資料の作成、収集について述べる。
6　地域においては子どもの読書に取り組んでいる団体、グループに対する支援は、場の提供だけでなく、それぞれの要求に応じた多様な方策を採るようにする。
7　自治体における本事業の所管は、教育基本法の理念に基づいて実施できるよう教育委員会とする。

以上

2002/08/02
「子どもの読書活動の推進に関する基本的な計画(案)」に関するパブリックコメントの結果について

「子どもの読書活動の推進に関する基本的な計画(案)」に関する
パブリックコメントの結果について

平成14年8月2日
スポーツ・青少年局青少年課

　文部科学省では、平成13年12月に制定された「子どもの読書活動の推進に関する法律」の規定に基づき、「子どもの読書活動の推進に関する基本的な計画」を策定することとし、その案についてパブリックコメントを実施しました。その結果を下記のとおりまとめましたので、公表いたします。
　なお、「子どもの読書活動の推進に関する基本的な計画」は、8月2日に閣議決定されましたので、あわせて御報告いたします。
　このたび御意見をお寄せいただきました皆様の御協力に厚く御礼申し上げます。

記

1　パブリックコメントの概要
(1)期間　　　　　平成14年6月27日(木)～7月11日(木)
(2)告知方法　　　文部科学省ホームページ、記者発表等
(3)意見受付方法　郵便・FAX・電子メール

2　受付意見数
　意見等の提出者は87名(個人・団体)で、444件でした。その内訳は、次のとおりです。

第1章	はじめに	6件
第2章	基本的方針	12件
第3章		
1	家庭、地域、学校における子どもの読書活動の推進	
(1)	家庭、地域における子どもの読書活動の推進	46件
(2)	学校等における子どもの読書活動の推進	38件
2	子どもの読書活動を推進するための施設、設備その他の諸条件の整備・充実	
(1)	地域における子どもの読書環境の整備	29件
(2)	公立図書館の整備・充実	51件
(3)	学校図書館等の整備・充実	135件
3	図書館間等の連携・協力	
(1)	図書館間等の連携・協力	7件
(2)	図書館と大学図書館の連携・協力	1件
(3)	国際子ども図書館と学校・図書館との連携・協力	4件
4	啓発広報等	
(1)	啓発広報の推進	4件
(2)	優れた取組の奨励	11件
(3)	優良図書の普及	9件
第4章	方策の効果的な推進に必要な事項	
1	推進体制等	4件
2	財政上の措置	17件
その他(全体的な感想など)		70件

3　意見の概要及びそれに対する考え方
　意見の掲載に当たっては、適宜集約をしています。なお、今回の基本計画案と直接関連しない意見、質問、感想、個別要望などは省略しますが、今後の参考とさせていただきます。(囲み内が主な御意見です。)

- **全体的に**
  > ○ 具体的な数値目標が必要である。
  > ○ 抽象的な表現が多いように思われる。

<考え方>
　本基本計画案は、施策の基本的方向を明らかにするものであり、また、施策の中には地方公共団体が推進主体になるものもあることから、これらのことを踏まえた記述としています。

- **「第1章　はじめに」について**
  > ○ 中学校・高等学校の子どもたちが、受験勉強や部活動に時間を奪われ、自由に読書を楽しむ余裕がないという現実に言及していない。
  > ○ 読書活動の意義として、我が国の未来形成のために必要不可欠であるという観点を加えてほしい。
  > ○「読書」の範囲に「新聞を読むこと」を含めて考えることが妥当と思われる。

<考え方>
　子どもの「読書離れ」の原因としては、情報メディアの発達・普及などのほか、受験勉強や部活動に時間を取られるといった生活環境の変化が指摘されています。
　読書活動の意義については、「子どもの読書活動の推進に関する法律」（以下単に「法律」といいます。）の基本理念を踏まえています。
　読書活動の対象については法律で特に定義がされていませんが、法律で規定されている読書活動の意義に沿うものであれば、その対象となるものと考えています。

- **「第2章　基本的方針」について**
  > ○ ぜひ司書、司書教諭、学校司書等専門的職員の必要性をうたってほしい。
  > ○ 中心的役割を担うべき「図書館」などの言葉が出てこないので、触れてほしい。
  > ○ 国が諸条件の整備・充実に努めるとあるが、具体的に何をするのか書いてほしい。
  > ○ 子どもが活動する場として公民館・児童館・集会所等は欠くことができないものであるが、これらとの連携を明記する必要がある。

<考え方>
　「基本的方針」は、具体的な方策を推進するに当たっての基本的な方向性を示すものです。したがいまして、具体的な方策の内容については、それぞれの項目の中で記述することとしています。なお、「関係機関」のうち、その中心的役割を担うべきものが明らかではないという御指摘を踏まえ、記述を修正しました。

- **「第3章　子どもの読書活動の推進のための方策」について**
  1　家庭、地域、学校における子どもの読書活動の推進
  (1) 家庭・地域における子どもの読書活動の推進
  > ○ 読書は個人的な営みであるので、「読書の時間を設ける」など強制するような表現は避けるべきであり、国が家庭の読書にまで言及すべきではない。

<考え方>
　「読書の時間」については、子どもに読書の習慣づけを図るために親が配慮すべきことの一つの例示として記述しているものであり、国が強制するものではありません。

> ○ 図書館の役割については具体的に書かれているが、肝心の職員については触れられていない。
> ○ 在日（来日）外国人の子どもに対するサービスにも触れてほしい。

<考え方>
　図書館に置かれる専門的職員である司書の役割の重要性等については、第3章の2(2)ウ「司書の研修等の充実」で記述しています。
　なお、在日（来日）外国人の子どもに対するサービスについては、御指摘の点を踏まえ、記述を追加しました。

> ○ 児童館と図書館の連携・協力の必要性に触れるべきである。

<考え方>
　児童館と図書館との連携・協力については、第3章の3(1)「図書館間等の連携・協力」で記述しています。

> ○「子どもゆめ基金」という経済的支援以外にどのような支援策があるのか、具体的な支援提起をしてほしい。

<考え方>

民間団体の活動に対する支援としては、「子どもゆめ基金」による助成のほか、ホームページを利用した様々な実践事例の紹介などを考えていますが、支援策の中心となる「子どもゆめ基金」を例示的に記載しています。

(2) 学校等における子どもの読書活動の推進

> ○ 「朝の読書」や読み聞かせなどの取組の普及について、言葉だけの呼びかけではなく、すべての学校に普及・奨励のためのパンフレットを配布するなどの具体的な　施策を盛り込んでほしい。
> ○ 卒業までに一定量の読書を推奨するなどは、学校による読書の強制につながるおそれがある。
> ○ 学校の自主判断に任せるより、例えば、古典を必読書に指定するなど、ある程度、国が一定基準を定めてはどうか。

＜考え方＞
　学校における読書活動を推進していくためには、各学校において、自主的に検討し工夫していくことが大切であり、必読書の推奨などを含めて、学校の自主的な取組を期待しています。
　なお、「朝の読書」や読み聞かせなどの取組の普及については、ホームページを利用した実践事例の紹介なども行うこととしています。

> ○ 「生きる力を育むモデル事業」という表現だけでは分かりづらい。

＜考え方＞
　御指摘を踏まえ、表現を修正しました。

> ○ 読書との出会いの最初は幼稚園、保育園であり、小学校、中学校、高等学校と読書活動が継続されることの大切さと重要性を述べてほしい。
> ○ 教員養成課程で「絵本・読書」に関する科目を必修にしてほしい。

＜考え方＞
　乳幼児期から読書活動が継続されていることは重要であると認識しており、例えば、「基本的方針」の中で、「…乳幼児期から読書に親しむような環境作りに配慮することが必要…」、「…子ども発達段階に応じて、子ども自身が読書の楽しさを知るきっかけを作り、…」と記述しています。
　「絵本・読書」に関する科目については、幼稚園教諭免許を取得するために必要な教育課程及び指導法に関する科目の中で取り上げています。また、実習でも必ず体験するものであり、絵本の選び方や読み方について実習しています。

> ○ 視覚障害のある子どもの読書支援が主となっているが、聴覚障害など他の障害のある子どもの読書支援にも触れてほしい。

＜考え方＞
　視覚障害以外の障害のある子どもに対する支援方策については、御指摘の点を踏まえ、記述を修正しました。

2　子どもの読書活動を推進するための施設、設備その他の諸条件の整備・充実
(1) 地域における子どもの読書環境の整備

> ○ 公立図書館設置について、国が財政支援をしてほしい。
> ○ 図書館の代替設備の整備を促進することは、図書館の整備を妨げる要因になるので、「公民館図書室や～学校図書館の開放などを促す」を削除してほしい。

＜考え方＞
　図書館を含む公立社会教育施設の設置に係る国の補助制度については、平成9年度限りで廃止していますが、公立図書館については、地方財政措置等により施設整備が進められ、平成10年度から平成12年度の3年間に、約150館が整備されています。
　図書館の設置については、それぞれの市町村の実状に応じて、各市町村の判断で設置が進められるものではありますが、都道府県教育委員会とも連携しながら、図書館設置を促していきたいと考えています。
　また、図書館の代替施設の整備については、本基本計画では、既に公立図書館が整備されている市町村において、子どもの読書活動を推進するために、公民館図書室や各種施設の図書コーナーなど、身近なところに読書のできる環境の整備に努めることを記述したものです。

(2) 公立図書館の整備・充実

> ○ 「司書」と明確に書いてあるところと、「司書等」と書かれているところがあり、「等」が何を指しているのか明らかでない。
> ○ 「司書の適切な配置」という表現は、解釈の仕方によって司書の配置を妨げることもあり得るので、「司書の配置」としてほしい。

<考え方>
　「司書の適切な配置」という表現は、各図書館の規模や住民サービスの状況に応じて、当該教育委員会が必要と認める専門的職員である司書の配置人数が異なることを考慮し、図書館運営の実状に適した司書の配置を促すべく、このような表現にしたものです。
　なお、「司書等」については、「司書及び司書補」を念頭に置いたものでしたが、「司書」に統一し修正しました。

○ 視覚障害以外の障害のある子どもに対する支援方策も必要である。

<考え方>
　視覚障害以外の障害のある子どもに対する支援方策については、御指摘の点を踏まえ、記述を修正しました。

(3) 学校図書館等の整備・充実

○ 地方交付税措置による学校図書館図書資料整備費が確実に予算化されるよう措置してほしい。
○ 高等学校の図書整備についても言及してほしい。

<考え方>
　各学校において、児童生徒の主体的・積極的な学習活動・読書活動が展開されるよう学校図書館の蔵書の充実が図られることは重要であり、各地方公共団体において、適切に予算が確保されるよう努めていきたいと考えています。
　また、高等学校についても、地方交付税の備品購入費に図書を購入するための経費が積算されているところです。

○ 学校図書館の施設設備の整備計画を策定する。

<考え方>
　子どもたちが進んで学校図書館を訪れ、読書活動を楽しむことができるよう、学校図書館の施設や環境についてのモデル的な事例の紹介等を行っています。また、学校図書館の蔵書や設備などの充実が図られるよう地方交付税措置が講じられています。

○ 司書教諭を専任化してほしい。
○ 司書教諭が職務を遂行することができるよう、担当授業時間数を軽減するなどの措置が必要である。

<考え方>
　学校図書館の充実・振興のためには、司書教諭のみならず、校長のリーダーシップの下、全教職員が一致協力してその運営に当たることが必要であると考えています。また、司書教諭が十分にその職務を果たせるよう各学校の校務分掌上の工夫や人事上の配慮等について、実践事例等を紹介するなどして各地方公共団体を支援していきたいと考えています。

○ 「学校図書館を担当する事務職員は、司書教諭を補佐し、」とあるが、司書教諭と学校図書館担当事務職員の関係を表す用語としては適切ではない。
○ 学校図書館担当事務職員は専任であることが必要である。

<考え方>
　国として、学校図書館に専任の事務職員を配置することについては、財政事情等の問題があり困難であると考えています。
　司書教諭と学校図書館担当事務職員の関係を表す用語として適切ではないとの御意見については、御指摘を踏まえ、記述を修正しました。

○ 保護者や地域住民によるボランティア活動の例として「学校図書館便り作成などの広報活動」が挙げられているが、適切ではない。
○ ボランティアの活動は、あくまでも自発的なものであり、その自主的で自由な取組についての支援は必要だが、学校図書館の運営に関して関わることを国が求めるべきではない。

<考え方>
　学校図書館の運営に当たっては、教職員やボランティアが連携・協力して運営し、学校図書館の機能の充実を図っていくことが重要と考えています。すでに、各学校において、ボランティアの活躍により、子どもの読書活動が推進されている例が多数みられることから、国としてこのような取組を促していこうと考えています。
　なお、広報活動については、御指摘を踏まえ、記述を修正しました。

○ 学校図書館の開放に当たっては、安全確保のための条件整備をし、安易な開放はすべきではない。

<考え方>
　学校図書館の開放は、地域の実情に応じて判断されるべきものであることを踏まえ、記述を修正しました。

3　図書館間協力等の推進

> ○　図書館は、地域におけるセンター機能を持つべきである。

<考え方>
　ここでは、図書館を中心にした様々な関係機関との連携・協力について記述していますが、図書館の役割については、第3章の1(1)イ中「①子どもの読書活動の推進における図書館の役割」において記述しています。

> ○　国際子ども図書館が国立国会図書館の支部であることを明確にしてほしい。また、「期待される」については、子ども読書推進法制定以前から（保存図書館）として　の役割を担っているので、「…役割を持っている。」としてほしい。さらに、連携・協力について、主体を国際子ども図書館ではなく、図書館としてほしい。

<考え方>
　御意見を踏まえ、記述を修正しました。

4　啓発広報等

> ○　基本計画の実施状況を検証する情報を提供してほしい。

<考え方>
　国等の施策の実施状況を確認するため、地域や学校における活動実態も把握し、ホームページ等を利用して情報提供をしていきたいと考えています。

> ○　読書活動の自由な取組を支援するのが行政の役割であって、表彰や顕彰などは必要ない。むしろ関係者の交流の場を作ってほしい。

<考え方>
　表彰や顕彰は、関係者の取組意欲を高め、活動内容の充実を図るとともに、広く国民の間に子どもの読書活動についての関心と理解を深めるために必要であると考えています。

> ○　優良図書については、誰がどのような基準をもって選定するのかという問題もあり、国が優良図書を選定すべきではない。

<考え方>
　社会保障審議会福祉文化分科会では、児童の福祉に資する出版物を、関係者の申請に基づき児童福祉文化財として推薦を行っています。

●「第4章　方策の効果的な推進に必要な事項」について

1　推進体制等

> ○　推進体制の中に健康・福祉行政担当部局が欠落している。
> ○　民間団体間の連携・協力については、各団体が他の団体に依存することなく、対等であることを明確にすべきである。

<考え方>
　推進体制を構成する「関係者」には様々な機関などがあり、その中には健康・福祉行政担当部局も含まれます。また、民間団体間の連携・協力については、それぞれが主体性を持って行うことが不可欠でありますので、「民間団体が主体性を持ちつつ…」と記述しています。

2　財政上の措置

> ○　具体的な数値を記載すべきである。
> ○　「講ずるよう努める」ではなく、講じてほしい。

<考え方>
　本基本計画は施策の基本的方向を明らかにするものであり、法律第11条（国及び地方公共団体は、子どもの読書活動の推進に関する施策を実施するため必要な財政上の措置その他の措置を講ずるよう努めるものとする。）を踏まえたものとしております。

> この計画は、子どもの読書活動の推進に関する法律（平成13年法律第154号）第8条第2項の規定に基づき、国会に報告するものである。

子どもの読書活動の推進に関する基本的な計画

平成14年8月

目次

第1章 はじめに …………………………………… 1

第2章 基本的方針 ………………………………… 2
 1 子どもが読書に親しむ機会の提供と諸条件の整備・充実 … 2
 2 家庭、地域、学校を通じた社会全体での取組の推進 …… 2
 3 子どもの読書活動に関する理解と関心の普及 …… 3

第3章 子どもの読書活動の推進のための方策 …… 3
 1 家庭、地域、学校における子どもの読書活動の推進 …… 3
  (1) 家庭・地域における子どもの読書活動の推進 …… 3
   ア 子どもの読書活動の推進における家庭の役割 …… 3
    ① 子どもの読書活動の推進における家庭の役割 …… 3
    ② 家庭教育に関する学習機会等を通じた読書活動への理解の促進 …… 3
   イ 図書館における子どもの読書活動の推進 …… 4
    ① 子どもの読書活動の推進における図書館の役割 …… 4
    ② 図書館活動の推進のための取組 …… 4
   ウ 児童生徒の読書習慣の確立・読書指導の充実 …… 5
   エ 民間団体の活動における子どもの読書活動への支援 …… 5
    ① 民間団体の活動における民間団体の活動の役割 … 5
    ② 民間団体の活動に対する支援 …… 6
  (2) 学校等における子どもの読書活動の推進 …… 6
   ア 子どもの読書活動の推進における学校の役割 …… 6
   イ 児童生徒の読書習慣の確立・読書指導の充実 …… 6
   ウ 家庭・地域との連携による読書習慣の推進 …… 7
   エ 学校関係者の意識高揚 …… 7
   オ 障害のある子どもの読書活動の推進 …… 7
   カ 幼稚園や保育所における子どもの読書活動の推進 …… 7
 2 子どもの読書活動を推進するための施設、設備その他の諸条件の整備・充実 …… 8
  (1) 地域における子どもの読書環境の整備 …… 8
  (2) 公立図書館の整備・充実 …… 9
   ア 図書資料の整備 …… 9
   イ 設備等の整備・充実 …… 9
    ① 移動図書館車の整備 …… 9
    ② 図書館の情報化 …… 10
    ③ 児童室等の整備 …… 10
   ウ 司書の研修等の充実 …… 10
    ① 司書の養成と適切な配置 …… 10
    ② 司書の研修の充実 …… 10
   エ 障害のある子どもの読書活動を推進するための諸条件の整備・充実 …… 10
  (3) 学校図書館等の整備・充実 …… 11
   ア 子どもの読書活動の推進における学校図書館の役割 …… 11
   イ 学校図書館の図書資料、施設、設備その他の諸条件の整備・充実 …… 11
    ① 学校図書館整備5か年計画 …… 11
    ② 学校図書館施設・設備の整備・充実 …… 12
    ③ 学校図書館の情報化 …… 12
    ④ 学校図書館の活用を充実していくための人的配置の推進 …… 13
     ⅰ 司書教諭の配置 …… 13
     ⅱ 学校図書館担当事務職員の配置 …… 13
     ⅲ 教職員間の連携 …… 14
     ⅳ 外部人材による学校図書館活動の支援 …… 14
    ⑤ 学校図書館の開放 …… 14
   ウ 幼稚園や保育所における図書スペースの確保と選書の工夫 …… 15
 3 図書館協力等の推進 …… 15
  (1) 図書館間等の連携・協力 …… 15
  (2) 図書館と大学図書館の連携・協力 …… 15
  (3) 図書館・学校図書館と「国際子ども図書館」との連携・協力 …… 16

—57—

第1章　はじめに

今日、テレビ、ビデオ、インターネット等の様々な情報メディアの発達・普及や子どもの生活環境の変化、さらには幼児期からの読書習慣の未形成などにより、子どもの「読書離れ」が指摘されている。

平成13年5月に行われた調査によれば、児童生徒の1か月の平均読書冊数は、小学校で6.2冊、中学校で2.1冊、高等学校で1.1冊、1か月に1冊も本を読まなかった児童生徒の割合は、小学校で10.5％、中学校で43.7％、高等学校で67.0％となっている。また、平成12年に行われた経済協力開発機構（OECD）生徒の学習到達度調査によれば、「趣味としての読書をしない」と答えた生徒は、OECD平均では31.7％であるが、日本では55％となっており、「どうしても読まなければならないときしか、本は読まない」と答えた生徒は、OECD平均では12.6％であるが、日本では22％となっている。

読書活動は、子どもが、言葉を学び、感性を磨き、表現力を高め、創造力を豊かなものにし、人生をより深く生きる力を身に付けていく上で欠くことのできないものであり、社会全体でその推進を図っていくことは極めて重要である。

平成11年8月には、読書の持つ計り知れない価値を認識して、子どもの読書活動を国を挙げて支援するため、平成12年を「子ども読書年」とする旨の衆参両院の決議がなされ、また、平成12年1月には国立国会図書館の支部図書館として「国際子ども図書館」が設立され、同年5月に開館した。さらに、同年12月に出された「教育改革国民会議報告書」では、「読み、書き、話すなど言葉の教育」を重視すべきことが提言された。このような中で、子どもの読書活動の推進のための取組を進めていくため、平成13年11月、議員立法により法案が国会に提出され、同年12月に「子どもの読書活動の推進に関する法律」として公布・施行された。

この法律は、子どもの読書活動の推進に関し、基本理念を定め、国及び地方公共団体の責務等を明らかにするとともに、国が「子どもの読書活動の推進に関する基本的な計画」を策定・公表すること、地方公共団体が「子どもの読書活動の推進に関する施策についての計画」を策定・公表すること、4月23日を「子ども読書の日」とすること等を定めることにより、施策の総合的かつ計画的な推進を図るものである。

本計画は、同法第8条第1項の規定に基づき、すべての子どもがあらゆる機

—1—

4　啓発広報等	16
(1)　啓発広報の推進	16
ア　「子ども読書の日」を中心とした全国的な啓発広報の推進	16
イ　各種情報の収集・提供	17
(2)　優れた取組の奨励	17
(3)　優良な図書の普及	17
第4章　方策の効果的な推進に必要な事項	17
1　推進体制等	17
(1)　推進体制	17
(2)　地域における子どもの読書活動推進体制の整備	18
(3)　地方公共団体間の連携・協力体制の整備	18
(4)　民間団体間の連携・協力の促進に対する支援	18
2　財政上の措置	18

—58—

会とあらゆる場所において、自主的に読書活動を行うことができるよう、積極的にそのための環境の整備を図ることを基本理念として、施策の総合的かつ計画的な推進を図るため定めるものである。

なお、本計画は、おおむね今後5年間にわたる施策の基本的方向と具体的な方策を明らかにするものである。

第2章 基本的方針

1 子どもが読書に親しむ機会の提供と諸条件の整備・充実

子どもが自主的に読書を行うようになるためには、乳幼児期から読書に親しむような環境作りに配慮することが必要である。

家庭、地域、学校において、子どもが積極的に読書活動を行う意欲を高め、進んで読書を行う態度を養い、生涯にわたる読書習慣を身に付けることがきっかけを作り、子どもの発達段階に応じて、子ども自身が読書の楽しさを知ることができるよう、子どもの発達段階に応じて、読書活動を広げ、読書体験を深めるとともに、子どもの興味・関心を持ち、感動する本等を身近に揃えることが重要である。

このような観点から、国は、子どもの自主的な読書活動の推進に資するため、子どもが読書に親しむ機会の提供に努めるとともに、施設、設備その他の諸条件の整備・充実に努める。

2 家庭、地域、学校を通じた社会全体での取組の推進

子どもの自主的な読書活動を推進するためには、家庭、地域、学校を通じた社会全体での取組が必要である。それぞれがまずその担うべき役割を果たして子どもが読書に親しむ機会の充実を図るとともに、子どもの読書活動に携わる学校、図書館などの関係機関、民間団体、事業者等が緊密に連携し、相互に協力を図りつつ、取組を推進していくことが肝要である。

このような観点から、国は、家庭、地域、学校それぞれが相互に連携・協力して子どもの自主的な読書活動の推進を図るよう体制の整備に努めるとともに、必要な体制の整備に努める。

3 子どもの読書活動に関する理解と関心の普及

子どもの自主的な読書活動を推進するためには、子どもの読書活動を推進する社会的気運の醸成を図るため、読書活動の意義や重要性について広く普及・啓発を図るよう努める。

子どもは、大人から民話などの話を聞いたり、読書する大人の姿などに触発されたりして、読書意欲を高めていく。子どもを取り巻く大人を含めて読書活動を推進する気運を高めるとともに、特に、保護者、教員、保育士等が読書活動推進に理解と関心を持つことが子どもに自主的な読書習慣を身に付けさせる上で重要である。

このような観点から、国は、子どもの自主的な読書活動を推進する社会的気運の醸成を図るため、読書活動の意義や重要性について広く普及・啓発を図るよう努める。

第3章 子どもの読書活動の推進のための方策

1 家庭、地域、学校における子どもの読書活動の推進

(1) 家庭・地域における子どもの読書活動の推進

ア 家庭における子どもの読書活動の推進

① 子どもの読書活動の推進における家庭の役割

子どもの読書習慣は日常の生活を通して形成されるものであり、読書が生活の中に位置付けられ継続して行われるよう配慮していくことが肝要である。

家庭において、読み聞かせをしたり、子どもと一緒に本を読んだりして子どもが読書と出会うきっかけを作るとともに、「読書の時間」を設けるなどして子どもに読書の習慣付けを図ったり、読書を通じて子どもが感じたことやや考えたことなどを話し合うことにより、読書に対する興味や関心を引き出すように子どもに働き掛けることとが望まれる。

② 家庭教育に関する学習機会等を通じた読書活動への理解の促進

i 図書館における親等を対象とした講座はもちろん、市町村が実施する、妊娠期、乳幼児期、思春期等子どもの発達段階に応じた家庭

教育に関する講座や、子育て支援の一環として公民館等において行う、読み聞かせなどの親子が触れ合う機会の提供を図る。せや読書の重要性についての理解の促進を図る。

ii 乳幼児や小学生等を持つ親に配布する「家庭教育手帳」や「家庭教育ノート」を通じて、家庭における読み聞かせや、子どもが読書の時間を持つよう家庭で習慣付けることの重要性についての理解の促進を図る。

1 図書館における子どもの読書活動の推進

① 子どもの読書活動の推進における図書館の役割

図書館（図書館法（昭和25年法律第118号）第2条第1項に規定する図書館をいう。以下同じ。）は、子どもにとっては、自分の読みたい本を豊富な図書の中から自由に選択し、読書の楽しみを知ることのできる場所であり、また保護者にとっては、自分の子どもに与えたい本を選択したり、子どもの読書について相談することのできる場所である。

また、図書館は、読み聞かせやお話し会の実施、子どもに薦めたい図書の展示会の開催、保護者を対象とした読み聞かせや本の選び方・与え方の指導、子どもの読書活動を推進する上で重要な役割を果たしている。

さらに、子どもの読書活動を推進する団体・グループへの支援や図書館の諸活動を支援するボランティアに対して、必要な知識・技術を習得するための学習の機会の提供等も行っている。

② 図書館における子どもの読書活動の推進のための取組

i 公立図書館（図書館法第2条第2項に規定する公立図書館をいう。以下同じ。）において、「公立図書館の設置及び運営上の望ましい基準」（平成13年文部科学省告示第132号）に基づき、

○ 子どもに対するサービスの充実に資するため、必要なスペースを確保するとともに、児童図書の収集・提供、子どもの読書活動を推進するための諸活動の実施に努めること

○ 地域に在留する外国人の子ども等に対するサービスの一環として行うため、外国語資料の収集・提供、利用案内やレファレンス・サービス（利用者の問い合わせに応じた参考資料を提供したりする業務）等に努めること

○ 子どもに対する新たな図書館サービスを展開していくため、必要な知識・技能等を有する者のボランティアとしての参加を一層促進すること

○ 希望者に活動の場等に関する情報の提供やボランティアの養成のための研修の取組が一層推進されるよう諸条件の整備に努めること などの取組が一層推進されるよう促していく。

ii 公立図書館を中心に、地域の読書活動推進団体、グループ、青少年団体等の関係団体、保健所・保健センター、保育所等の関係機関と連携した取組の促進を通じて、公立図書館の行う子どもの読書活動を推進する取組の充実に努める。

ウ 児童館における子どもの読書活動の推進

児童館は、子どもに健全な遊びを与えて、その健康を増進し、又は情操を豊かにすることを目的とした施設である。児童館の図書室では、絵本等の児童図書を活用した様々な読み聞かせ活動が行われている。中でも保護者や本々の地域のボランティアによるお話し会や読書に親しむ契機となっている。図書館における諸活動と同様、子どもが読書に親しむ契機となっている。このため、これらの活動が一層推進されるよう促していく。

エ 民間団体の活動に対する支援

① 子どもの読書活動の推進における民間団体の役割

民間団体は、子どもの読書活動の推進に関する理解や関心を広めるとともに、子どもが読書に親しむ機会を提供するなど、子どもの自主的な読書活動を推進することに大きく寄与している。例えば、全国レベルでは、読書週間等のキャンペーン、読書指導員の養成を図る読み聞かせ、フォーラムの開催、全国各地を訪問して行う読み聞かせ、フォーラムの開催、読書指導員の養成等が行われ、地域レベルでは、約5,000の自発的に組織するグループにより、草の根

的に文庫活動、読み聞かせ等が行われている。

② 民間団体の活動に対する支援

子どもの読書活動の推進を図る民間団体の活動をより充実させるとともに、民間団体がネットワークを構築する情報交流や合同研修などの促進を図るため、「子どもゆめ基金」による助成を行うなど民間団体の活動を支援していく。

また、地方公共団体においても、子どもの読書活動を推進する活動で公共性が高いと認められるものについては、活動の場の確保のため、域内の公民館等の公共施設の利用に便宜を図るなど、奨励方策を講じることが期待される。

(2) 学校等における子どもの読書活動の推進

ア 子どもの読書活動の推進における学校の役割

学校においては、読書活動が、子どもの学習習慣を形成していく上で大きな役割を担っている。

例えば、学習指導要領に従来から国語などの各教科等で行われてきており、小・中学校の国語科で、児童生徒の発達段階に応じて、「楽しんで読書しようとする態度を育てること」や「読書に親しみものの見方や考え方を広げようとする態度を育てること」などを目標としている。

また、各教科、特別活動、総合的な学習の時間を通じて、児童生徒の調べ学習など多様な学習活動を展開していくために、「学校図書館を計画的に利用してその機能の活用を図り、児童・生徒の主体的、意欲的な学習活動や読書活動を充実する」こととしている。

イ 児童生徒の読書習慣の確立・読書指導の充実

小・中・高等学校の各学校段階において、児童生徒の読書に親しむ態度を育成し、読書習慣を身に付けさせることが大切である。このため、既に8,000校を超える学校で実践されている「朝の読書」や読み聞かせなどの取組を一層普及させる。また、学校において推薦図書コーナーを設けたり、卒業までに一定量の読書を推奨するなど各学校が目標を設定

することにより、学校や家庭における読書習慣を確立するよう促していく。

また、児童生徒の自主的な読書活動の一層の推進を図るため、読書指導に関する研究協議や先進的な取組事例の紹介などにより、教職員の指導力の向上、学校図書館を活用した指導の充実に努める。

海外の日本人学校においても、児童生徒が豊かな読書活動を体験できるよう、図書の整備や読書活動の実践事例の紹介など児童生徒の自主的な読書活動に資する取組を推進していく。

ウ 家庭・地域との連携による読書活動の推進

子どもの読書活動を支援していくため、学校が家庭・地域と連携して子どもの「生きる力」をはぐくむような読書活動を推進する取組を促進するとともに、各地域で参考となるような事例の紹介・普及を図り、地域が一体となった子どもの読書活動の一層の推進を図っていく。

エ 学校関係者の意識高揚

子どもの読書活動に資する取組を推進していくため、学校図書館の活用方策や読書活動の促進方策について、先進的な取組に関する情報交換や研究協議などを行うことにより、司書教諭をはじめとする学校関係者の意識の高揚を図っていく。

オ 障害のある子どもの読書活動の推進

障害のある子どもが豊かな読書活動を体験できるよう、盲学校、聾学校及び養護学校における障害のある子どもの読書活動支援について、障害の状態に応じた読書や学習の工夫、視聴覚機器の活用等の優れた実践事例の紹介などにより推進を図る。また、盲学校点字情報ネットワークの活用等により、各盲学校で作成した点字図書を全国の点字図書館等の点字データの相互利用を促進する。

カ 幼稚園や保育所における子どもの読書活動の推進

① 幼児期に読書の楽しさと出会うため、幼稚園や保育所において、幼児が絵本や紙芝居等に親しむよう、幼稚園教育要領及び保育所保育指針に示されているように、幼児が絵本

や物語などに親しむ活動を積極的に行うよう、教員及び保育士の理解を促進する。あわせて、幼稚園・保育所で行っている未就園児を対象とした子育て支援活動の中でも、読み聞かせ等を推進する。

② 幼児期においてこどもが絵本等と出会う上で、読み聞かせ等を行うことも重要であることから、幼稚園、保育所等に対し、読み聞かせの大切さや意義を広く普及し、保護者等に対し、幼稚園・保育所の幼児に読み聞かせを行うなど、子どもが絵本等に触れる機会が多様になるよう工夫する。

③ 異年齢交流において、小学生・中学生が幼稚園・保育所等の幼児に読み聞かせを行うなど、子どもが絵本等に触れる機会が多様になるよう工夫する。

2 子どもの読書活動を推進するための施設、設備その他の諸条件の整備・充実

(1) 地域における子どもの読書環境の整備

ア 図書館の整備

子どもの読書活動を推進するためには、身近なところに読書のできる環境を整備していくことが重要である。

公立図書館は、子どもが、学校外で、本と出会い読書を楽しむことのできる場所であり、地域における子どもの読書活動推進の中核的な役割を果たすことが期待されている。公立図書館を設置する市町村の割合は、市(区)で96.5%、町村で36.1%となっている(平成11年度文部科学省社会教育調査)。したがって、公立図書館が未設置の市町村については、その設置について積極的な検討が行われることが望まれる。

「公立図書館の設置及び運営上の望ましい基準」において、市町村は、住民に対して適切な図書館サービスを行うことができるよう、公立図書館の設置に努めることや、都道府県は、図書館未設置の町村が多く存在することなども踏まえ、町村立図書館の設置及び運営に対する助言等を計画的に行うこととされている。

そこで、都道府県は未設置市町村に対して計画的に行う助言等を通じて、公立図書館が果たす役割の重要性についての認識を深めるとともに、図書館設置の気運を醸成し、その整備を推進していく。

イ また、既に公立図書館の整備が行われている市町村に対しても、地域の実情に応じて、分館や移動図書館車の整備、公民館図書室や各種施設の図書コーナーの整備、学校図書館の開放などを促すことにより、地域における読書環境の整備に努める。

ウ さらに、子どもの読書環境を整備する上で、都道府県立図書館、市町村立図書館、学校図書館をはじめとするその他関係機関との間のネットワークを構築し、図書館の貸借をはじめとする連携・協力や情報交換などを行うことが重要であり、その積極的な推進を促していく。

(2) 公立図書館の整備・充実

公立図書館が地域における子どもの読書活動を推進する上で積極的な役割を果たせるよう、以下のような取組を推進する。

ア 図書資料の整備

子どもの読書活動を推進していくためには、公立図書館に豊富で多様な図書資料を整備していくことが必要である。

公立図書館の図書資料の整備については、地方交付税により措置されており、各地方公共団体において、計画的な整備が図られるよう努める。

イ 設備等の整備・充実

① 移動図書館車の整備

移動図書館車によるサービスは、図書館から遠距離にある地域に居住する子どもの読書活動の推進に大変有効であり、図書館の重要な活動の一つであることから、公立図書館における移動図書館車の整備を推進する。

② 図書館の情報化

地域住民に対する児童図書の蔵書・貸出し情報やお話し会の開催などどもの読書活動の機会に関する情報等の提供は、子どもの読書活動を推進していく上で重要な役割を果たす。利用者が利用できるコンピュータの設置状況は、都道府県立図書館で77.0%、市町村立図書

館で46.4％となっている。また、インターネット等で検索できる情報検索システムの公立図書館への導入状況は、都道府県立図書館で59.0％、市町村立図書館で24.6％となっている（いずれも平成13年5月文部科学省調べ）。

このため、インターネット等で検索できる情報検索システムの公立図書館への導入及び利用者用コンピュータの設置など図書館の情報化を推進する。

③　児童室等の整備

図書館の中で児童室を置いているのは、60.6％である（平成11年度文部科学省社会教育調査）。「公立図書館の設置及び運営上の望ましい基準」に基づき、児童室や児童コーナーなどの子どもが読書を行うために必要なスペースの確保等を促していく。

ウ　司書の研修等の充実

① 司書の養成と適切な配置

司書は、児童図書をはじめとする図書館資料の選択・収集・提供、利用者に対する読書相談、子どもの読書活動に対する指導など、子どもの読書活動を推進する上で極めて重要な役割を果たす。
このため、その養成を進めるとともに、司書の重要性についての地方公共団体の認識を深め、司書の適切な配置等を促していく。

② 司書の研修の充実

公立図書館には、児童図書や児童文学に関する広範な知識とその発達段階に応じた図書の選択に関する知識を有する司書の配置が望まれる。
このため、司書がこれらの知識と技術を有する司書の配置が望まれる。
このため、司書がこれらの知識と技術を習得することができるよう、研修の充実を図っていく。

エ　障害のある子どもの読書活動を推進するための諸条件の整備・充実

障害のある子どもが自主的に読書活動を行える環境を整備することは極めて重要である。図書館等においては、例えば視覚に障害のある利用者に対して、点字刊行物及び録音物の貸出し並びに閲覧業務を行っており、点字刊行物及び録音物を所有する公立図書館は59.0％、録音図書館で20％、点字図書館は約30％となっている（平成11年度文部科学省社会教育調査）。

こうした中で、障害のある子どもについても、施設整備面での配慮、及び点字資料、録音資料、手話や字幕入りの映像資料等の介助、貸出し及び閲覧業務の実施や図書館利用の際の対面朗読等の推進するよう促すとともに、「点字図書」及び「声の図書」の増刷・普及に協力する点訳・朗読奉仕員の養成を行うことなどを通じて、視覚に障害のあるこどもの読書活動の推進のための条件の整備・充実に努める。

(3) 学校図書館等の読書活動の推進における学校図書館の役割

ア　子どもの読書活動の推進における学校図書館の役割

学校図書館は、児童生徒の自由な読書活動や読書指導の場として、さらには想像力を培い、学習に対する興味・関心等を呼び起こし、豊かな心を育む読書センターとしての機能と、児童生徒の自発的、主体的な学習活動を支援し、教育課程の展開に寄与する学習情報センターとしての機能を果たし、学校教育の中核的な役割を担うことが期待されている。特に、学校教育においては、児童生徒自らが目らえ、主体的に判断し、行動し、よりよく問題を解決する資質や能力などの「生きる力」を育むことが求められており、学校図書館には、様々な学習活動を支援する機能を果たしていくことが求められる。

イ　学校図書館の図書資料、施設、設備その他の諸条件の整備・充実

① 学校図書館図書整備5か年計画

子どもの豊かな読書経験の機会を充実していくためには、子どもの知的活動を増進し、多様な興味・関心にこたえる魅力的な図書資料を整備・充実させていくことが必要である。また、各教科、特別活動、総合的な学習の時間において多様な教育活動を展開していくために、学校図書館を充実していくことが求められている。
このことを踏まえ、平成14年度からの5年間で公立義務教育諸学校の学校図書館資料を約4千万冊整備することを目指し、新たに

「学校図書館図書整備5か年計画」を策定したところであり、平成14年度から平成18年度までの5年間で、毎年約130億円、総額で約650億円の地方交付税措置が講じられることとされている。今後、この計画に沿って、各地方公共団体において、学校図書館資料の計画的な整備が図られるよう努める。また、私立学校についても、図書資料の整備が促進されるよう支援を図っていく。

② 学校図書館施設・設備の整備・充実

学校図書館施設については、読書スペースの整備が進められるよう、余裕教室等を学校図書館に改修する際に国庫補助を行っているほか、校舎の新増改築の際の国庫補助基準面積の改定を行うなど所要の措置を講じている。

今後、各学校における多様な読書活動の推進が図られるよう、学校図書館の施設や環境についてのモデル的な事例を紹介するとともに、各学級における読書活動を視野に入れた読書環境整備等を促していく。

③ 学校図書館の情報化

学校図書館にコンピュータを整備することにより、自校の学校図書館のみならず、他校の学校図書館や図書館等とオンライン化することにより、自校の蔵書のみならず、地域全体での蔵書の共同利用や各種資料の検索、多様な興味・関心にこたえる蔵書の整備等が可能となる。

学校図書館にコンピュータを整備している公立学校は23.6％であり、そのうちLAN（校内情報通信網）に接続している学校図書館は19.1％となっている。（平成13年3月文部科学省調べ）。

学習指導等に用いる公立学校の教育用コンピュータの整備については、従来より、地方交付税措置による整備が進められており、学校図書館への効果的な配置を進める。また、学校図書館、コンピュータ教室、普通教室、特別教室等を校内LANで接続し、学校内のどこにあっても学校内外の様々な情報資源にアクセスできる環境の整備に努める。

学校のインターネット接続については、児童生徒の調べ学習などの

活動を展開していく上で大きな効果があることから、従来より、地方交付税措置等による整備が進められており、引き続き整備を促進する。

また、学校図書館の蔵書情報のデータベース化、他校の学校図書館等とネットワーク接続を図ることにより、児童生徒のみならず家庭や地域住民全体での蔵書の共同利用や各種資料の検索などが可能となる。このため、他校の学校図書館や図書館などと連携して、蔵書等の共同利用化や必要な図書の学校を越えた相互利用の促進・普及等を図る。

④ 学校図書館の活用を充実していくための人的配置の推進

学校図書館の運営に当たっては、校長のリーダーシップの下、司書教諭が中心となり、教員、事務職員やボランティアが連携・協力して運営し、それぞれの立場から、学校図書館の機能の充実を図っていくことが重要である。

i 司書教諭の配置

司書教諭は、学校図書館資料の選択・収集・提供や子どもの読書活動に対する指導等を行うものであることから、その配置を図ることが中心的な役割を担うものであることから、その配置を図ることが必要である。

学校図書館法（昭和28年法律第185号）第5条及び附則第2項の規定により、平成15年度以降、12学級以上の学校（小学校、中学校、高等学校、中等教育学校、盲学校、聾学校及び養護学校）に、司書教諭を必ず配置しなければならないこととされている。

そこで、引き続き、司書教諭養成講習を実施し、発令の促進を図る。

また、司書教諭が学校図書館の運営に十分な役割を果たすことができるよう、教職員の協力体制の確立や校務分掌上の配慮などの工夫を促すとともに、司書教諭の職務内容についての指導資料を新たに作成し、司書教諭の役割等について理解を図る。

ii 学校図書館担当事務職員の配置

学校図書館を担当する事務職員は、司書教諭と連携・協力して、

学校図書館に関する諸事務の処理に当たるため、学校図書館の活用を更に充実するため、各地方公共団体における事務職員の配置や学校図書館の諸事務に当たっている。今後、学校図書館の活用を更に充実するため、各地方公共団体における事務職員の配置の取組を紹介して、学校図書館の諸事務に当たる職員の配置を促していく。

iii 教職員間の連携

学校教育において、各教科等を通じて学校図書館を活用した学習活動や、日々の読書指導の充実を図っていくためには、司書教諭のみならず、すべての教職員が連携して子どもの学習活動・読書活動を推進していくことが重要である。

このため、各学校における校内研修や研究会などを通じた教職員間の連携や理解を促していく。

iv 外部人材による学校図書館活動の支援

学校図書館で、保護者や地域住民によりボランティア活動が行われている学校は16.3％となっている（平成11年度間文部科学省調べ）。多様な経験を有する地域の社会人やボランティアの協力を得ていくことにより、児童生徒の読書に親しむ態度の育成や読書活動の推進に資する様々な活動を推進していくことが可能となる。

このため、児童生徒に対する読み聞かせや本への興味を引き出すよう工夫を凝らした紹介を行う「ブックトーク」活動、学校図書館に関する広報活動、図書データベースの作成などの活動について、地域のボランティア、非常勤職員等の人材が十分に活動できるよう支援していく。

⑤ 学校図書館の開放

地域住民に学校図書館を開放している学校は8.9％である（平成11年度間文部科学省調べ）。学校週5日制の実施に当たっては、地域に開かれた学校作りを推進するため、学校の施設を積極的に開放していくことが求められている。このため、休業日においても、地域のボランティア等の協力を得ながら、各地域において適切に学校図書館の開放が進むよう促していく。

ウ 幼稚園や保育所における図書スペースの確保と選書の工夫

幼稚園や保育所においても、子どもが絵本等に親しむ機会を確保する観点から、安心して図書に触れられるようなスペースの確保に努めるとともに、保護者、ボランティア等と連携・協力して、図書の整備を図るよう促していく。

また、図書館等の協力を得て、発達段階に応じた図書を選定することへの配慮も促していく。

3 図書館間等の連携・協力

(1) 図書館間等の連携・協力

ア 子どもの読書活動を一層推進していくためには、図書館と学校図書館とが連携・協力を行うことが重要である。

このため、図書館の図書の学校図書館への団体貸出しや、学校図書館員が学校を訪問し、あるいは児童生徒が図書館を訪問して、読み聞かせを行うなどの取組を促していく。

イ また、図書館間での連携・協力を進めるため、図書館等資料の相互貸借や複数の図書館で協力して行うレファレンスサービスの実施等の取組を促していく。

ウ さらに、

○ 公民館図書室や保育所、児童館等に対して図書の団体貸出しやお話し会などを実施する

○ 保健所・保健センターで実施される健診の際に司書が絵本の選び方や読み聞かせの方法について保護者に指導する

○ 司書、保育所・保健センターの保健師、地域のボランティア等が連携・協力して、乳幼児への読み聞かせの方法等を保護者に絵本等を手渡す活動（いわゆるブックスタート活動）を実施する

など、図書館と様々な機関との連携・協力の推進を促していく。

(2) 図書館と大学図書館の連携・協力

を広く提供するなど、啓発広報を推進する。
また、地方公共団体や民間団体においても、このような各種情報の提供を幅広く行うことが期待される。

(2) 優れた取組の奨励

子どもの読書活動の推進に関し、優れた取組等を行っている者を表彰又は顕彰するとともに、関係者の取組の意欲を更に高め、活動内容の充実を図るとともに、広く国民に子どもの読書活動についての関心と理解を深める。

ア 子どもの読書活動を推進するため、子どもが読書に興味を持つような活動、関係者の資質向上のための活動、関係する機関や団体間の連携等において特色ある優れた実践を行っている学校、図書館、民間団体及び個人に対し表彰することにより、その取組の奨励を図る。

イ 児童図書の作り手の創作意欲を高め、児童図書の質的・量的充実を図るため、児童文学の分野において優れた業績を挙げた者を顕彰し、その創作活動の奨励と振興を図る。

(3) 優良な図書の普及

児童福祉法第8条第7項の規定により、社会保障審議会では、福祉文化分科会を設け、児童の福祉に資する出版物を児童福祉文化財として推薦を行っている。
このような優良な図書は、地域における子どもの読書活動の推進を図る上で有効である。図書館、児童福祉施設、視聴覚ライブラリー等にリストを配布することで、優良な図書を家庭・地域に周知・普及していく。

第4章 方策の効果的な推進に必要な事項

1 推進体制等

(1) 推進体制

本計画の推進に当たっては、関係府省間相互の密接な連携を図るとともに、

―17―

大学図書館の図書資料の図書館への貸出しなど、図書館と大学図書館の連携・協力の推進を促進していく。

(3) 図書館・学校図書館と「国際子ども図書館」との連携・協力

国立国会図書館の支部図書館として設置されている「国際子ども図書館」では、納本制度による児童図書の収集・保存、関連資料の収集・保存を行っており、いわゆる保存図書館としての役割を持っている。
さらに、従来行われていた公立図書館や大学図書館に対する支援に加えて、学校図書館に対する支援も行うこととしており、図書や展示品の貸出しはもとより、電子図書館による児童図書に係る各種情報の提供、全国の図書館間における情報交換の場の提供において全館種を対象とした図書館協力が想定されている。図書館・学校図書館は、「国際子ども図書館」との連携・協力の推進を促進していく。

4 啓発広報等

(1) 啓発広報の推進

ア 「子ども読書の日」を中心とした全国的な啓発広報の推進

「子ども読書の日」(4月23日)は、国民の間に広く子どもの読書活動についての関心と理解を深めるとともに、子どもが積極的に読書活動を行う意欲を高めるために設けられたものである。
そこで、「子ども読書の日」の趣旨にふさわしい事業を実施するよう努めるとともに、地方公共団体、学校、図書館、子どもの読書活動の推進に取り組む民間団体等との連携を図りながら、ポスター、リーフレット等の作成・配布などにより、全国的な啓発広報を推進する。

イ 各種情報の収集・提供

子どもの読書活動の実態や各地方公共団体、学校、図書館、民間団体等における様々な取組などに関する情報を収集する。そして、子どもの読書活動に関する情報に対して、多くの人々が容易に接し、活用することができるよう、インターネット上の文部科学省のホームページに子どもの読書活動の推進に関する専用のページを設けて関連情報を掲載するとともに、これら関係機関・団体等のホームページにリンクさせて情報

―16―

に、関係機関、地方公共団体、民間団体等との連携を更に深め、方策の効果的な推進を図る。

(2) **地域における子どもの読書活動推進体制の整備**

地方公共団体において、連携・協力の具体的な方策についての検討、関係者間の情報交換等を行うため、学校、図書館、教育委員会、民間団体等の関係者からなる総合的な推進体制が整備されるよう支援していく。

(3) **地方公共団体間の連携・協力体制の整備**

地方公共団体間における各種情報の交換等を促進するため、地方公共団体間において、都道府県・市町村がそれぞれの役割に応じ、相互の連携・協力体制の整備が推進されるよう促していく。

特に、市町村は、身近な地方公共団体として、その役割は重要であることから、市町村相互の連携、都道府県・市町村間の連携・協力体制の整備を積極的に推進することが期待される。

(4) **民間団体間の連携・協力の促進に対する支援**

民間団体が主体性を持ちつつ、相互に連携・協力を図ることは、それぞれの団体の活動内容を充実させるとともに、全体として子どもの読書活動の一層の推進に資することとなる。そこで、民間団体間の連携・協力の促進を図るため、その体制の整備の推進を支援していく。

2 **財政上の措置**

(1) 国は、本計画に掲げられた各種施策を実施するため、必要な財政上の措置を講ずるよう努める。

(2) 国は、地方公共団体が地域の実情に応じて自主的に実施する子どもの読書活動の推進に関する施策のための費用について、必要な財政上の措置を講ずるよう努める。

〈中島信子・資料①〉

《東村山市立図書館のあゆみ・児童サービスの取組み》

1967年	昭和42年	くめがわ電車図書館開設・文庫活動活発化
1970年	昭和45年	東村山市地域図書館補助金交付規程制定（4月）
		「市立図書館設置に関する請願」「市立図書館準備に関する陳情」採択（12月）
1972年	昭和47年	「市立図書館準備室」設置に陳情採択（3月）
		東村山市立図書館専門委員規則の制定（8月）
1973年	昭和48年	「東村山市立図書館建設基本計画」策定（3月）
1974年	昭和49年	東村山市立中央図書館開館（5月）
		移動図書館車「あおぞら号」巡回開始・お話会開始（5月）
1975年	昭和50年	東村山市文庫サークル連絡会発足（7月）
		地方出版物展示会（10月）　「東村山朗読研究会」発足
1976年	昭和51年	「市立図書館建設基本計画促進に関する陳情書」採択（3月）
		障害者サービス開始（9月）
1978年	昭和53年	市民叢書の刊行（4月～9月）
1979年	昭和54年	富士見図書館（障害者サービスセンター機能）開館（10月）
1981年	昭和56年	萩山図書館（保存センター機能）開館（12月）
1982年	昭和57年	児童感想画展開催（7月）「東村山布の絵本企画室」発足（10月）
1985年	昭和60年	小学校・幼稚園・保育園に再利用図書の寄贈開始（9月）
1986年	昭和61年	学年別読書案内リスト全児童に配布開始（7月）
1988年	昭和63年	赤ちゃん向け絵本リスト発行・健診時配布開始
		秋津図書館（準中央館機能）開館（11月）
		視聴覚資料貸出開始（11月）
1990年	平成2年	秋津図書館図書園に「万葉植物園」開設
1991年	平成3年	市立小学校へ学校訪問サービス開始（6月）
		多摩北部6市で相互利用開始（10月）
1992年	平成4年	廻田図書館開館（11月）
1993年	平成5年	全館にティーンズコーナー設置
1994年	平成6年	図書館電算システム導入（3月）
		布の絵本プレイルーム開催（11月）・リサイクル会開催（11月）
1997年	平成9年	図書館組織改正（4月）・ 1年生読み聞かせ用図書貸出開始（4月）
1998年	平成10年	外国資料コーナー全館設置（1月）・乳幼児お話会開始（10月）
		夜間開館開始・移動図書館個人貸出事業廃止（4月）
1999年	平成11年	東村山市地域児童図書館補助金交付規則制定（3月）
		中学生向き読書案内リスト全生徒に配布開始（7月）
2000年	平成12年	東村山市立図書館設置条例改正（館長有資格条項存続）（3月）
		子ども読書年の取組み・先生向保育仕向利用案内の配布（4月）
		中学生1日図書館員開始（7月）
2001年	平成13年	図書館ホームページ開設（9月）・子育て情報コーナー設置（10月）
2002年	平成14年	学生ウィークエンドボランティア受入れ（4月）
		子ども読書の日の取組み（4月）・学校図書室図書購入相談会（5月）
		くめがわ電車図書館子どもの読書活動優秀実践団体表彰（4月）
		「東村山市子ども読書連絡会」発足（5月）
		「東村山市いのちの教育推進プラン」の取組み

〈中島信子・資料②〉

○東村山市立図書館設置条例

昭和49年3月30日
条例第18号

(設置)
第1条　東村山市は、市民の図書その他の図書館資料に対する要求にこたえ、自由で公平な資料の提供を中心とする諸活動によって、市民の教養・調査・レクリエーション等に資するため、東村山市立図書館(以下「図書館」という。)を設置する。
(構成)
第2条　図書館は、中央図書館・地区館・分室及び移動図書館をもって構成する。
　　　　一部改正〔昭和63年条例21号〕
(名称及び位置)
第3条　中央図書館・地区館及び分室の名称並びに位置は、別表のとおりとする。
　　　　一部改正〔昭和63年条例21号〕
(職員)
第4条　図書館に次の職員を置く。
　(1)　館長
　(2)　地区館長
　(3)　司書
　(4)　司書補
　(5)　その他必要な職員
2　図書館の館長は、図書館法(昭和25年法律第118号)第4条に規定する司書の資格を有する者とする。
3　図書館職員の定数は、東村山市職員定数条例(昭和32年東村山市条例第2号)の定めるところによる。
　　　　一部改正〔昭和63年条例21号・平成12年14号〕
(資料の選択・収集及び廃棄処理)
第5条　図書館資料の選択・収集及び廃棄処理については、図書館長がこれを決定する。
(利用者の秘密を守る義務)
第6条　図書館は、資料の提供活動を通じて知り得た利用者の個人的な秘密を漏らしてはならない。
(地域図書館活動に対する援助)
第7条　図書館は、東村山市内で地域図書館活動を行う者に対し、これを援助する。
(委任)
第8条　この条例に定めるもののほか、この条例の施行に関し必要な事項は、東村山市教育委員会規則で定める。
　　　附　則
この条例は、昭和49年4月1日から施行する。
　　　附　則(昭和54年7月30日条例第13号)
この条例は、昭和54年10月1日から施行する。
　　　附　則(昭和56年9月21日条例第23号)
この条例は、昭和56年12月1日から施行する。
　　　附　則(昭和61年12月10日条例第30号抄)
(施行期日)
1　この条例は、公布の日から施行する。
　　　附　則(昭和63年9月13日条例第21号)
この条例は、昭和63年11月23日から施行する。
　　　附　則(平成4年9月29日条例第26号)
この条例は、平成4年11月23日から施行する。
　　　附　則(平成12年3月29日条例第14号抄)
(施行期日)
1　この条例は、平成12年4月1日から施行する。

別表(第3条)
　　東村山市立図書館
　　　　全部改正〔昭和61年条例30号〕、一部改正〔昭和63年条例21号・平成4年26号〕

〈中島信子・資料③〉

○東村山市地域児童図書館補助金交付規則

平成11年3月31日
規則第36号

(目的)
第1条　この規則は、市内の地域児童図書館(以下「図書館」という。)に対して、その事業費の一部を補助することにより、地域の自主的な図書館活動の育成を図ることを目的とする。
(補助対象図書館)
第2条　補助の対象とする図書館は、次の各号に定める要件を満たしているものとする。
(1) 市内に活動の拠点となる施設を有していること。
(2) 市内在住の成人5人以上によって運営されていること。
(3) 利用登録児童数が50人以上であること。
(4) 年間貸出冊数が1,200冊以上であること。
(5) 年間開館日数が40日以上であること。
(6) 図書館運営のための独自の財源及び会則を有していること。
(補助対象事業)
第3条　補助対象事業は、次の各号に定める事業とする。
(1) 主として幼児及び児童に対して資料(図書、雑誌、紙芝居等をいう。)を提供する事業
(2) 読書に対する意識を啓発する事業
(3) その他図書館の目的達成に必要な事業
(補助対象経費)
第4条　補助対象経費は、前条に規定する事業に要する経費で、次に掲げるとおりとする。

| 図書購入費、報償費、交通費、消耗品費、印刷製本費、光熱水費、施設維持費、通信運搬費、保険料、使用料及び賃借料、材料費、備品費、研修費 |

(補助金額)
第5条　補助金の額は、次に掲げる年間開館日数及び年間貸出冊数の区分に応じて定める基準額の100分の80以内とする。ただし、前条の補助対象経費の総額が基準額に満たない場合は、当該補助対象経費の総額を基準額とする。
(1) 年間開館日数　年間80日以上

年間貸出冊数	6,400冊以上	4,800冊以上 6,400冊未満	3,200冊以上 4,800冊未満	1,200冊以上 3,200冊未満
基準額	40万円	31万円	22万円	11万円

(2) 年間開館日数　年間40日以上80日未満

年間貸出冊数	3,600冊以上	2,400冊以上3,600冊未満	1,200冊以上2,400冊未満
基準額	22万円	15万円	8万円

2　前項の年間開館日数及び年間貸出冊数は、前年度の実績に基づき算定する。
3　第1項ただし書の規定により算出した補助金の額に100円未満の端数があるときは、これを切り捨てるものとする。
(申請)
第6条　補助金の交付を受けようとする図書館の代表者は、地域児童図書館補助金交付申請書(第1号様式)に次に掲げる書類を添付し、市長に申請しなければならない。
(1) 図書館の設置運営に係る事業計画書
(2) 図書館の収支予算書
(3) 図書館の設置運営等に関する規程
(4) その他市長が必要と認めるもの
(決定)
第7条　市長は、前条の規定に基づく申請があったときは、その内容を審査し、補助の適否を決定する。

2　市長は、前項の規定に基づき決定したときは、地域児童図書館補助金交付決定通知書(第2号様式)により当該申請をした者に通知する。
3　市長は、補助金の交付決定に際し、必要な条件を付すことができる。
　(補助金の概算払い)
第8条　市長は、補助金の概算払いをすることができる。
2　補助金の交付決定を受けた図書館の代表者(以下「補助事業者」という。)で、概算払いを受けようとするものは、地域児童図書館補助金概算払請求書(第3号様式)を市長に提出しなければならない。
　(補助金に関する調査)
第9条　市長は、補助金に関して必要があると認めるときは、補助事業者に対し報告を求め、又は職員に補助事業の執行状況その他の調査を行わせることができる。
　(実績報告)
第10条　補助事業者は、3月末日までに次に掲げる書類を添付し、地域児童図書館実績報告書(第4号様式)を市長に提出しなければならない。
　(1)　図書館利用状況調書
　(2)　図書館の収支決算書(領収書の写しを添付すること。)
　(3)　購入図書一覧表
　(4)　その他市長が必要と認めるもの
　(補助金額の確定)
第11条　市長は、前条に規定する報告があったときは、その内容を審査し、補助金の交付条件等に適合すると認めたときは、既に交付決定した範囲内で補助金額を確定し、地域児童図書館補助金確定通知書(第5号様式)により補助事業者に通知するものとする。
　(補助金の請求等)
第12条　補助事業者(補助金の概算払いを受けた補助事業者を除く。)は、前条に規定する確定通知を受けたときは、地域児童図書館補助金請求書(第6号様式)により補助金を請求しなければならない。
2　補助金の概算払いを受けた補助事業者は、前条の規定により確定した補助金額が既に概算払いで受けた補助金の額未満であるときは、市長の指定する日までに補助金の精算をしなければならない。
　(補助金の決定の取消し及び返還)
第13条　市長は、補助事業者が次の各号の一に該当するときは、補助金の決定の全部又は一部を取り消し、当該取消し部分に関し、既に交付した補助金を返還させることができる。
　(1)　偽りその他不正な手段により補助金を受けたとき。
　(2)　補助金を当該補助事業以外の用途に使用したとき。
　(3)　この規則又は補助の条件に違反したとき。
　　　附　則
　この規則は、平成11年4月1日から施行する。
第1号様式(第6条)
年　　月　　日
　　東村山市長　　　　殿
図書館所在地
申請者　　　名称
代表者　住所
氏名　　　　　　印
地域児童図書館補助金交付申請書
　　　　　　年度地域児童図書館補助金の交付を受けたいので、東村山市地域児童図書館補助金交付規則第6条の規定により関係書類を添えて下記のとおり申請します。
記
　1　交付申請金額　　　金　　　　　　　　円
　2　総事業経費　　　　　　　　　　　　　円
　3　前年度実績

4　添付書類
　　(1)　図書館の設置運営に係わる事業計画書
　　(2)　図書館の収支予算書
　　(3)　図書館の設置運営等に関する規程
　　(4)　その他
第2号様式(第7条)

東　　　収第　　　号の2
年　　　月　　　日

東村山市長

地域児童図書館補助金交付決定通知書

　　　　　年　　月　　　日付けで申請のあった地域児童図書館事業に対し、東村山市地域児童図書館補助金交付規則第7条の規定により下記のとおり決定したので、通知します。

記

　1　交付します。
　　(1)　補助金交付決定額　　　金　　　　　　　　　円
　　(2)　補助金交付の条件
　　ア　3月末日までに、地域児童図書館実績報告書を提出すること。
　　イ　補助金を補助対象事業以外の用途に使用しないこと。

　2　交付できません。
　　　　理由
第3号様式(第8条)
年　　月　　日
　　東村山市長　　　殿
図書館所在地
申請者　　　名称
代表者　住所
氏名　　　　　　　印
地域児童図書館補助金概算払請求書
　　東　　　収第　　　号の2　　　　年度地域児童図書館補助金交付決定通知書により交付決定があったので、東村山市地域児童図書館補助金交付規則第8条の規定により下記のとおり概算払請求します。
記
　1　補助金交付決定額　　　金　　　　　　　円
　2　概算払請求額　　　　　金　　　　　　　円
第4号様式(第10条)
年　　月　　日
　　東村山市長　　　殿
図書館所在地
申請者　　　名称
代表者　住所
氏名　　　　　　　印
地域児童図書館実績報告書
　　　　　年度地域児童図書館補助事業について、東村山市地域児童図書館補助金交付規則第10条の規定により下記のとおり報告します。

記
　　1　実績内容

　　2　添付書類
　　　(1)　図書館利用状況調書
　　　(2)　図書館の収支決算書(領収書添付)
　　　(3)　購入図書一覧表
　　　(4)　その他

第5号様式(第11条)
東　　　　収第　　　号の2
年　　月　　日
　　　　　　　　　　　　　様
東村山市長

地域児童図書館補助金確定通知書
　　　　　年　　　月　　　日付けで報告のあった地域児童図書館事業に対し、東村山市地域児童図書館補助金交付規則第11条の規定により、補助金の額を下記のとおり確定したので通知します。
　　なお、既に補助金の概算払いを受けている補助事業者で、精算する必要がある場合は、別添納付書により指定する日までに返還願います。
記
　　1　補助金確定額　　　　金　　　　　　　　　　円
　　2　補助金の精算　　　　　有・無
　　　(1)　補助金概算払額　　金　　　　　　　　　円
　　　(2)　補助金精算額　　　金　　　　　　　　　円

第6号様式(第12条)

年　　月　　日

　　　東村山市長　　　　殿

図書館所在地
申請者　　　　名称
代表者　　住所
氏名　　　　　　　　　印

地域児童図書館補助金請求書
　　　東　　　収第　　　号の2　　　　年度地域児童図書館補助金確定通知書により補助金額の確定があったので、下記のとおり請求します。

記

　　　交付確定金額　　　金　　　　　　　　円

貸出密度上位の公立図書館における整備状況・2000

日本図書館協会「基準」ワーキンググループ

〈松岡 要・資料〉

1 人口段階		~0.85人	~1万人	~1.5万人	~2万人	~3万人	~4万人	~5万人	~6万人	~8万人	~10万人	~15万人	~20万人	~30万人	30万人~
2	図書館設置市町村数	275	96	201	159	197	140	92	63	102	55	86	35	38	52
3	対象市町村数	28	10	20	16	20	14	9	6	10	6	9	4	4	5
4	貸出密度	17.88	13.85	16.97	11.19	13.45	12.64	11.87	11.1	11.25	9.8	10.23	10.42	9.21	8.17
5	図書館数	1.3	1.2	1.4	1.2	1.6	1.6	1.7	2.5	3.7	4.2	3.9	7	5.8	6
6	職員数	1.5	2.7	3.2	3.1	5.0	5.9	9.0	10.7	16.0	18.3	23.4	41.0	25.5	67.2
7	うち司書数	1.1	2.1	2.1	1.6	3.6	2.8	6.4	9.2	10.0	10.7	16.1	19.3	16.0	44.4
8	非常勤・臨時職員数	3.0	3.0	3.1	3.7	4.9	6.7	6.2	8.6	12.9	8.5	19.0	33.7	41.1	31.8
9	うち司書数	1.2	2.1	2.1	1.7	3.0	2.0	2.5	2.2	6.8	2.0	6.6	14.8	21.1	14.5
10	蔵書冊数	50,666.6	64,788.6	86,057.3	76,259.6	117,453.8	140,881.4	222,507.9	297,283.2	296,710.6	351,561.5	449,608.7	650,570.3	804,615.3	897,518.0
11	図書年間購入冊数	5,219.5	5,986.9	7,319.0	8,666.9	11,280.4	8,643.5	17,718.4	22,928.6	18,446.6	27,322.5	29,474.7	46,863.5	59,740.6
12	貸出資料数	94,558.0	121,565.2	205,222.6	188,948.8	337,689.4	436,141.1	525,681.8	611,370.3	745,200.6	887,830.8	1,211,230.4	1,787,349.8	2,204,775.0	3,218,313.2
13	予約受付件数	2,075.8	2,152.8	4,917.5	2,680.7	7,020.9	7,484.6	10,155.7	16,468.0	20,463.0	27,960.8	67,345.3	63,702.5	80,960.3	122,401.8
14	図書館総経費 推定 千円	32,999.2	48,677.6	80,418.0	57,286.3	90,812.8	92,928.7	141,895.4	197,791.3	229,634.5	293,050.8	375,859.0	453,934.9	707,728.8	946,227.6
15	図書館費 千円	21,412.0	32,057.8	58,501.3	35,890.8	55,184.5	55,724.3	82,597.2	101,326.8	114,328.1	144,708.8	201,280.0	247,092.3	396,929.8	410,938.2
16	資料費 千円	8,129.3	11,512.2	13,595.7	12,742.6	21,928.4	18,518.7	34,231.7	45,609.2	38,939.4	52,555.0	66,285.1	110,359.0	88,823.5	127,367.0
17	人口当資料費 円	1,537.6	1,311.5	1,124.4	754.4	873.4	536.7	773.0	828.2	588.1	609.7	559.8	643.1	371.2	323.2
18	職員給・推定 千円	10,977.6	16,619.8	20,057.3	19,944.7	33,835.8	37,204.4	59,298.2	89,105.9	115,306.4	136,443.6	174,579.0	310,799.0	206,842.7	535,289.4
19	一般会計予算額 推定 億円	37,604	43,823	51.282	61.052	79.525	98.154	135.837	186.882	222.439	372.362	406.701	575.453	744.618	1,151.024
20	図書館総経費比 %	0.878	1.111	1.568	0.938	1.142	0.947	1.045	1.058	1.032	0.787	0.924	1.23	0.61	0.822
21	資料費比 %	0.216	0.263	0.266	0.212	0.279	0.189	0.252	0.256	0.175	0.141	0.163	0.192	0.119	0.111

各人口段階の貸出密度（住民一人当たりの貸出資料数）上位10%の市町村の平均数値。政令指定都市、特別区は除く。

1 数値は、『日本の図書館・統計と名簿・2000』『市町村別決算状況調 平成11年度』による。
2 図書館設置市町村数：2000年4月現在の図書館設置市町村数。計1,591。
3 対象市町村数：対象市町村の1999年度実績の貸出密度上位10%の市町村数。計161。
4 図書館数：対象市町村における平均図書館数。自動車図書館台数を1館として加算。
5 職員数：対象市町村職員の正職員数の平均。
6 うち司書数：対象市町村職員の正職員数のうち司書の平均。
7 非常勤・臨時職員数：対象市町村図書館の非常勤・臨時職員数の平均。年間実働時間1500時間を1人に換算。
8 うち司書数：対象市町村図書館の非常勤・臨時職員数のうち司書数の平均（有効回答のみ）。
10 蔵書冊数：対象市町村図書館の1999年度末蔵書冊数の平均。
11 図書年間購入冊数：対象市町村図書館の1999年度貸出資料数の平均。
13 予約受付件数：対象市町村図書館の1999年度貸出資料数の平均。
14 図書館総経費：対象市町村図書館の2000年度経費の平均（推定額）。下記図書館費と職員給の合算。
15 図書館費：対象市町村図書館の2000年度図書館費の平均。
16 資料費：対象市町村図書館の2000年度資料費の平均。
17 人口当資料費：対象市町村の人口一人当資料費の平均。
18 職員給・推定：対象市町村図書館の2000年度の人件費（職員給）の平均（推定額）。
19 一般会計予算額：対象市町村の2000年度一般会計予算額の平均（推定額）。
20 図書館総経費比：対象市町村予算額に占める図書館総経費の割合（推定）。
21 資料費比：対象市町村の一般会計予算額に占める資料費の割合。

-75-

「子どもの読書活動の推進に関する法律」関係文献　　　　　　　　　　　　日本図書館協会児童青少年委員会作成　2002年8月改訂

番号	記事名	掲載誌	発行年月	出版社	ページ
1	子どもの読書―政治には何ができるのか―「子どもゆめ基金」と「子どもの読書活動推進法案」	出版ニュース	01.7月下旬号	出版ニュース社	6-9
2	「子どもの読書活動の推進に関する法律案」についての懸念	子どもと読書No.330	01.11.12合併号	親子読書地域文庫全国連絡会	31
3	緊急ナイター「子どもの読書活動の推進に関する法律案要綱」について	がくとVol.17	01.11月	学校図書館問題研究会	80-83
4	<スポット>子どもの読書活動推進法が成立	内外教育 第5256号	01.12.11(火)	時事通信社	1-3
5	子どもの読書活動推進法が成立、他	学校図書館速報版	01.12.15号	全国学校図書館協議会	1-3
6	読書推進法が成立	日本教育新聞	01.12.21(金)		
7	教育の森　子どもの読書推進法	毎日新聞	01.12.24(月)		
8	家族ぐるみで本に親しもう	日本教育新聞	01.12.28(金)		
9	子ども読書活動推進法が衆院通過	内外教育 第5254号	01.12.4(火)	時事通信社	
10	子どもの読書推進法が成立	朝日新聞	01.12.9(日)		
11	法律第百五十四号　子どもの読書活動の推進に関する法律	官報 号外第264号	01.12月12日		19
12	子どもの読書活動推進法を提出へ 子どもの未来を考える議員連盟、各党と意見交換を行う 法律案(抄)あり	学校図書館No.614	01.12月号	全国学校図書館協議会	10-11
13	12月10日子どもの読書振興のための緊急フォーラム開催	出版広報No.219	01.12月号	日本書籍出版協会	1
14	「子どもの読書活動の推進に関する法律」成立	ぱっちわーくNo.103	01.12月号	ぱっちわーく事務局	1-5
15	推進法・国・自治体が計画策定	西日本新聞	02.1.6(日)		6
16	記者の目　見直されている子ども読書	毎日新聞	02.1.30(水)		
17	「子どもの読書活動の推進に関する法律」が成立、他(親地連ニュースより)	香川県子ども文庫連絡会会報No.204	02.1月号	香川県子ども文庫連絡会	4-5
18	子どもの読書活動の推進に関する法律公布、他	図書館雑誌 938号	02.1月号	日本図書館協会	5-8
19	<資料> 法律第154号　子どもの読書活動の推進に関する法律	図書館雑誌 938号	02.1月号	日本図書館協会	5-6
20	衆議院・文部科学委員会における附帯決議	図書館雑誌 938号	02.1月号	日本図書館協会	6
21	子どもの読書活動推進法が成立 法成立を受けて「緊急フォーラム」(資料)子どもの読書活動の推進に関する法律	学校図書館No.615	02.1月号	全国学校図書館協議会	12-14
22	12月5日「子ども読書活動推進法」成立・アピール	書協No.161	02.1月号	日本書籍出版協会	2
23	「子どもの読書活動の推進に関する法律」を巡って………	こども図書館ニュースNo.62	02.2月号	千葉県立こども図書館	1-4
24	子どもの読書振興のために今何をなすべきか―子どもが本を読む国に未来はかがやく	こどもの本 No.319	02.2月号	日本児童図書出版協会	46-50
25	文部科学省、日図協にヒヤリング実施―子どもの読書活動推進基本計画に関して―	図書館雑誌 940号	02.3月号	日本図書館協会	157

— 76 —

26	<資料>「子ども読書活動推進基本計画」策定に関しての要望	図書館雑誌 940号	02.3月号	日本図書館協会	158-160
27	「子ども読書活動推進法」の実体化に「第二次5か年計画」予算化運動を—全国SLA第7回総会開く	学校図書館 No.617	02.3月号	全国学校図書館協議会	12
28	子どもの読書活動の推進に関する法律」を考える	こどもの図書館Vol.49-3	02.3月号	児童図書館研究会	16
29	子どもの読書活動の推進に関する法律」を考える 「読書推進を法律で推進するということへの懸念」松岡享子部	こどもの図書館Vol.49-3	02.3月号	児童図書館研究会	17
30	学校や家庭・地域で子どもの読書環境づくりを進めよう！	「子どもの読書活動推進法を実体化するためのマニュアル」	02.3月発行	子どもの読書推進会議 他	1冊
31	子ども読書推進関係予算に175億円	学校図書館速報版	02.4.15号	全国学校図書館協議会	1-3
32	研修会「子どもの読書環境整備をどう進めるか」開催	読書推進運動第413号	02.4.15号	読書推進運動協議会	5
33	平成14年度学校図書館関係および子どもの読書活動推進関係予算の概要	ぱっちわーく No.107	02.4月	ぱっちわーく事務局	1-2
34	緊急研修会「子どもの読書環境整備をどう進めるか」に参加して	こども図書館ニュースNo.63	02.4月	千葉県立こども図書館協議会	5
35	「子どもの読書活動推進法」への危惧	出版レポートNo.43	02.4月	日本出版労働組合連合会	27-33
36	特集「子どもの読書活動推進法」の制定	学校図書館 No.618	02.4月号	全国学校図書館協議会	15-58
37	小特集：子ども読書活動推進法をめぐって	岡山市政の今日と明日	02.4月号	岡山市職員労働組合	82-97
38	子ども読書活動推進の日記念・子ども読書活動推進フォーラム表彰式	香川県子ども文庫連絡会会報No.208	02.5月号	香川県こども文庫連	2-3
39	「子どもの読書活動推進法」の実体化をめざして	こどもの本322号	02.5月号	日本児童図書出版協会	43
40	自ら考え、学ぶ人のために	毎日新聞	02.6.16日	毎日新聞(日)朝刊	5
41	子どもの読書活動推進フォーラム「子ども読書の日」記念	図書館雑誌 943号	02.6月号	日本図書館協会	386
42	子どもの読書環境整備をどう進めるか・子ども読書推進法の実体化と学校図書館図書整備費の完全予算化	こどもの本 323号	02.6月号	日本児童図書出版協会	67-70
43	みんなで学校図書館費を予算化する活動を！	子どもと科学よみものNo.322	02.6月号	科学読物研究会	13
44	<特集>21世紀子ども読書活動推進のために	JBBY No.95	02.6月号	(社)日本国際児童図書評議会	9-29
45	もっと本を読もう 文科省推進基本計画案	読売新聞	02.7.21(日)		5
46	「大阪府子ども読書活動推進会議」について—今年度のとりくみは—大子連も参画	大子連ニュース No.233	02.7.9(火)	大阪府子ども文庫連絡会	
47	あなたの地域の学校図書館には子どもたちの本はきちんと揃っていますか？	こどもの本324号	02.7月号	日本児童図書出版協会	48-49
48	文部科学省が意見を募集中子ども読書活動の推進に関する基本的な計画(政府案)まとめる	読書推進運動 No.416	02.7月号	読書推進運動協議会	6
49	子ども読書活動の推進に関する基本的な計画(案)へ日図協が意見文書を提出	図書館雑誌 945号	02.8月号	日本図書館協会	509
50	「子どもの読書活動の推進に関する法律」と「子ども読書」学習会に参加して	子どもの読書通巻194号	02.8月号	子どもの読書勉強会会報	17
51	<資料>子どもの読書活動の推進に関する基本的な計画(案)について	図書館雑誌 945号	02.8月号	日本図書館協会	510-512

> 視覚障害その他の理由で活字のままでこの本を利用できない人のために，営利を目的とする場合を除き「録音図書」「点字図書」「拡大写本」等の製作をすることを1部に限り認めます。その際は著作権者，または，日本図書館協会までご連絡ください。

「子どもの読書活動の推進に関する法律」を考える
シンポジウム記録

定価：本体 1200 円（税別）

2002年10月20日　初版第1刷発行　©2002
2002年12月1日　初版第2刷発行

編　者：日本図書館協会
発行者：社団法人　日本図書館協会
　　　　〒104-0033　東京都中央区新川1-11-14
　　　　☎ 03-3523-0811　FAX 03-3523-0841
印刷所：㈱ワープ

JLA200233　　　　　　　　　　　　　　　　Printed in Japan
ISBN4-8204-0219-6
本文の用紙は中性紙を使用しています。